CITY BOOK
ANCONA

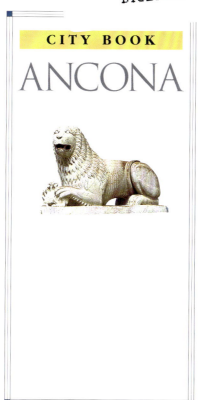

MONDADORI

© 2007 Mondadori Electa S.p.A., Milano
Mondadori Libri Illustrati

Questa pubblicazione deriva
da *Marche* della serie Eyewitness
Travel Guides, pubblicata in accordo
con Dorling Kindersley Ltd

PRIMA EDIZIONE: maggio 2007

ISBN 978-88-370-5194-5

TESTI
Federico Lacche

REALIZZAZIONE EDITORIALE E FOTOLITO
ART Servizi Editoriali S.p.A., Bologna

STAMPA
Nuove Arti Grafiche, Trento.

CONCESSIONARIA DI PUBBLICITÀ
Progetto srl
via Grazioli 67 – 38100 Trento
tel 0461 231056 – fax 0461 231984
viale del Monte Oppio 30 – 00184 Roma
tel 06 4875522 – fax 06 4875534

via Adamello 10 – 20139 Milano
tel 02 53599991 – fax 02 53599960
e-mail: info@progettosrl.it
sito internet: www.progettosrl.it

Saremo lieti di inserire eventuali correzioni
e suggerimenti, che vi preghiamo di inviare
alla nostra redazione: Geo Mondadori,
via Trentacoste, 7 – 20134 Milano
info.geomondadori@mondadori.it
fax: 02 21563364

*Tutti i diritti riservati. Nessuna parte
del libro può essere riprodotta o trasmessa
in qualsiasi forma o con qualsiasi mezzo
senza autorizzazione scritta da parte
dei proprietari del copyright.*

L'editore ringrazia i Musei, gli Enti e le
Associazioni locali per la collaborazione e
per aver concesso il diritto di riprodurre le
loro fotografie.

In copertina: Il Lazzaretto
nel porto di Ancona

SOMMARIO

ANCONA

Momenti storici	4
Da non perdere	6
Il centro storico	8
Cattedrale di San Ciriaco	12
La provincia di Ancona	30
Il Parco del Conero	34
L'entroterra	38
Loreto	40
Le Grotte di Frasassi	44
GUIDA PRATICA	47
Stradario	48
Indice dello stradario	58
Trasporti e informazioni utili	62
INFORMAZIONI TURISTICHE	65
Indice generale	94

MOMENTI STORICI

Il nome di Ancona deriva dal greco *ankòn*, "gomito", come la forma del tratto di costa in cui sorge. Fondata dai Dori siracusani, entrò prima sotto l'influenza dei Romani, quindi a più riprese sotto la protezione della Chiesa. Dopo il 1000, come Repubblica marinara visse il periodo più positivo della sua storia. L'occupazione napoleonica, quella austriaca e la restaurazione ecclesiastica anticiparono la partecipazione attiva al Risorgimento della città, che dopo la Seconda guerra mondiale venne insignita della medaglia d'oro al valore civile.

Dalle origini ai Bizantini

Già in epoca protostorica, i colli dei Cappuccini, Guasco e Cardeto ospitavano alcuni villaggi, come l'abitato previllanoviano del X secolo a.C. Nel 387 a.C., una colonia di Dori esuli da Siracusa fondò attorno al colle Guasco il primo nucleo della città. Con la colonizzazione dorica Ancona si arricchì di edifici maestosi, di un'acropoli e di mura a difesa di una nascente città di commerci. Malgrado la persistente cultura greco-ellenistica, si alleò con Roma contro i Galli e i Sanniti, e nel 276 a.C. ne divenne colonia. Comprendendone l'importanza strategica, Traiano la fortificò e ne ampliò il porto, da cui partì (101 d.C.) per la vittoriosa guerra contro i Daci. Con la caduta dell'Impero Romano la città dovette difendersi dagli assedi dei Goti, entrò a far parte della Pentapoli Marittima bizantina e, dopo una breve occupazione longobarda, nel 774 si sottomise alla protezione del Papato.

L'età comunale

Devastata dai Saraceni nell'848, Ancona risorse lentamente dalle rovine e alla fine del X secolo divenne libero Comune. Inevitabile fu lo scontro con Venezia, che non accettava la concorrenza di un'altra repubblica sui mercati orientali. Per resistere allo strapotere veneziano la città si alleò con la Repubblica dalmata di Ragusa. Nel XII secolo sostenne tre estenuanti assedi: contro Lotario II nel 1137, contro Federico Barbarossa nel 1167 e contro la flotta veneziana nel 1174. Perse le libertà comunali e lo status di Repubblica marinara nel 1348, con l'affermazione della signoria dei Malatesta, e nel 1532, quando Papa Clemente VII la incorporò nei domini dello Stato Pontificio.

L'epoca moderna

Il XVII secolo vide l'insorgere di una forte crisi economica e un drastico calo della popolazione cittadina, aggravati dagli effetti devastanti di un terremoto (1690). Per contrastare la recessione e l'egemonia della Serenissima, nel 1732 Papa Clemente XII concesse ad Ancona il porto franco, fece costruire un nuovo molo a nord e affidò a Luigi Vanvitelli la costruzione del Lazzaretto: misure decisive che permisero la ripresa economica e lo sviluppo demografico. A cavallo tra il XVIII e il XIX secolo si susseguirono l'occupazione di Napoleone, che proclamò la Repubblica Anconitana (1797), la breve presa austriaca della città (1799), il ritorno dei francesi (1801) e l'entrata nel Regno Italico napoleonico (1808). Tornata a far parte dello Stato Pontificio nel 1815, due anni più tardi Ancona fu teatro di una

Il Giuramento degli anconetani, episodio della guerra con Venezia

◀ Il porto di Ancona di sera

sfortunata congiura organizzata dalla Carboneria contro il governo papale. Partecipò comunque in maniera attiva ai moti risorgimentali, finché nel 1849 le truppe austriache la riconsegnarono alla Chiesa. Fu solo nel 1860 che Ancona venne liberata, entrando a far parte del Regno d'Italia nello stesso anno.

IL XX SECOLO

Nel giugno 1914, la città fu protagonista della "Settimana rossa". Durante un comizio contro la guerra di Libia si verificarono violenti scontri tra forze dell'ordine e manifestanti, tre dei quali restarono uccisi. Ancona fu bloccata da un'ondata di scioperi e agitazioni, che si propagarono nelle Marche, in Romagna e in Toscana prima di essere repressi dall'esercito. Enorme fu la devastazione che si abbatté sulla città durante la Grande Guerra e anche in seguito, nel 1930, quando i lavori di ricostruzione post-bellici furono interrotti da un altro terremoto. Così accadde anche nel corso della Seconda guerra mondiale: con 180 bombardamenti vennero rasi al suolo interi rioni addossati al porto. La città provò lentamente a riprendersi, e nel 1970 diventò capoluogo della neo-istituita regione Marche, ma riportò nuovi danni nel violento terremoto del 1972. Nella storia più recente questa rinascita è stata contrassegnata da grandi riaperture, come quelle del Teatro delle Muse e della Mole Vanvitelliana.

Panoramica del porto di Ancona in una foto di inizio Novecento

CRONOLOGIA

387 a.C.
I Dori fondano il primo nucleo della città

Testa di guerriero da Numana

101 d.C.
Traiano salpa dal porto cittadino per la guerra contro i Daci

Fine X secolo
Nascita del libero Comune

1348
Affermazione della signoria dei Malatesta

1690
Un devastante terremoto aggrava la crisi economica della città

1797
Occupazione napoleonica e nascita della Repubblica Anconitana

1930
Ennesimo disastroso terremoto

2002
Riapertura del teatro delle Muse

Protostoria
Insediamenti previllanoviani sui colli Cappuccini, Guasco e Cardeto

276 a.C.
Ancona diviene colonia romana

774
Ancona si sottomette alla protezione del Papato

XII secolo
Ancona sostiene gli assedi di Lotario II, Federico Barbarossa e dei veneziani

1532
Clemente VII incorpora Ancona nello Stato Pontificio

1732
Nascita del porto franco sotto il pontificato di Clemente XII

1860
La città entra nel Regno d'Italia

1970
Ancona è capoluogo delle Marche

DA NON PERDERE

A chi vi giunge dal mare la città si mostra in tutta la sua scenografica bellezza, favorita dalla naturale disposizione che ne segna la storia millenaria e dall'andamento sinuoso dei colli Guasco, dei Cappuccini, Cardeto e Astagno, sui quali si distribuiscono i monumenti più significativi. Ancona conta oggi poco più di 100.000 abitanti e si compone di un nucleo antico con strade strette e tortuose, dominato dal duomo affacciato sul mare e dedicato a San Ciriaco, e di un'addizione moderna, in larga parte sorta alla fine del XVIII secolo e caratterizzata da vie ampie e rettilinee e zone verdi. I vecchi rioni, arrampicati sulle colline come intorno al palcoscenico di un teatro, si affacciano sull'arco del porto, il vero cuore storico ed economico del capoluogo marchigiano.

Il monumento al Passetto, tradizionale luogo di passeggio degli anconetani

DA VEDERE

Anfiteatro romano ❸
Arco di Traiano ❷
Biblioteca comunale "Luciano Benincasa" ⓴
Cattedrale di San Ciriaco ❹
Chiesa del Gesù ❻
Chiesa del SS. Sacramento ⓱
Chiesa di Sant'Agostino ⓲
Cittadella ⓴
Loggia dei Mercanti ⓳
Mole Vanvitelliana ㉒
Museo Archeologico Nazionale delle Marche ❾
Palazzo degli Anziani ❼
Palazzo del Senato ❿
Passetto ㉔
Piazza del Plebiscito ⓬
Piazza Roma ⓯
Pinacoteca Civica e Galleria d'Arte Moderna ❽
Porta Pia ㉑
Porto ❶
San Domenico ⓭
San Francesco alle Scale ❺
Santa Maria della Piazza ⓫
Teatro delle Muse ⓰
Viale della Vittoria ㉓

ANCONA

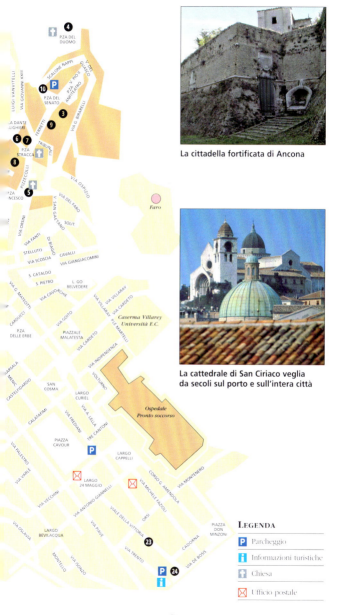

La cittadella fortificata di Ancona

La cattedrale di San Ciriaco veglia da secoli sul porto e sull'intera città

LEGENDA

- **P** Parcheggio
- **i** Informazioni turistiche
- **†** Chiesa
- ⊠ Ufficio postale

IL CENTRO STORICO

Tavv 3 A-B5 7 A-B1

Il nucleo storico di Ancona e quasi tutti i luoghi di interesse turistico si trovano a ridosso del porto. Qui può iniziare ogni itinerario alla scoperta della città, dove lo scenario dominato da navi imponenti e dall'affascinante disordine tipico delle aree di imbarco sa ben presto lasciare spazio ad architetture preziose e ai segni di un passato antico e recente. Due di queste appaiono davvero sorprendenti: la Mole settecentesca di Luigi Vanvitelli, elegante piattaforma pentagonale concepita come un "lazzaretto", e l'arco austero e slanciato che gli anconetani vollero per Traiano o che, forse, l'imperatore romano volle per sé.

❺ San Francesco alle Scale
È una delle chiese più suggestive della città, con un magnifico portale in stile gotico fiorito realizzato nel 1454 da Giorgio Orsini. Al suo interno, tra il resto, conserva la grande pala dell'*Assunta* eseguita da Lorenzo Lotto nel 1550.

⓰ Teatro delle Muse Danneggiato gravemente durante la Seconda guerra mondiale, dopo un lungo periodo di chiusura questo simbolo della città è stato riaperto al pubblico nel 2002.

Fontana del Calamo
Popolarmente detta "delle tredici cannelle", per il numero delle sue bocche d'acqua ornate con divertenti "mascheroni" in bronzo.

↖ verso
San Ciriaco ❹,
Museo Archeologico Nazionale ❾,
Pinacoteca Civica e Galleria d'Arte Moderna ❽

↗ verso Viale della Vittoria ㉓

PIAZZA ROMA

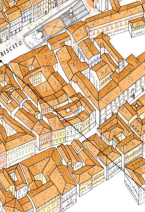

⓬ Piazza del Plebiscito
Gli anconetani la considerano il "salotto buono" della città e la chiamano con familiarità "piazza del papa", per la statua di Clemente XII (1738) che ne domina la scena.

IL CENTRO STORICO

Il caratteristico panorama del porto di Ancona, crocevia di merci e turisti

❶ Porto

Tav 2-3

Ancona vanta una lunga tradizione di città aperta, centro di scambi e di partenze. La sua immagine ha coinciso con quella del promontorio formato dalle pendici settentrionali del Monte Conero che dà origine al golfo di Ancona, nella cui parte più interna si trova il porto naturale, il luogo che meglio di altri testimonia la storia della città adriatica. Motore dell'economia cittadina, movimenta più di 9 milioni di tonnellate di merci, dispone di 25 moli, di oltre 5 km di banchine e 12 di binari, di fondali profondi fino a 15 m, di 370.000 mq di aree attrezzate per lo stoccaggio e il deposito, di 16 cantieri e 2 bacini di carenaggio.

Il Lazzaretto voluto da Clemente XII

Con circa 1,5 milioni di passeggeri e crocieristi in transito ogni anno, è uno dei primi porti dell'Adriatico per numero di imbarchi e da alcuni decenni è divenuto crocevia del flusso turistico verso Croazia, Grecia e Medio Oriente.

❷ Arco di Traiano

Tav 3 A3.

In posizione isolata dal resto della città, si raggiunge percorrendo la banchina portuale in direzione della Fincantieri, meglio se durante una pausa delle operazioni di carico e scarico dei grandi traghetti in attracco o in partenza. Avvicinandosi al molo nord, si attraversa un paesaggio singolare dominato da vecchie rotaie, mucchi di cordami nautici, file di gru in azione tra le quali, superata la **Portella Panunci**, si scorgono però i ruderi delle torri e delle **mura medievali** (XII secolo) che cingevano il porto di Ancona. L'Arco di Traiano, una delle testimonianze monumentali più preziose delle Marche romane, fu realizzato nel 115 d.C. dall'architetto Apollodoro di Damasco in onore dell'imperatore fautore della rinascita del porto, che egli scelse come base logistica per le spedizioni alla conquista della Dacia. Elegante e maestoso, si caratterizza per il candore del marmo di Proconneso con cui fu costruito e per la forma particolarmente slanciata (13,8 m di altezza, su un podio di oltre 4 m), dovuta alle quattro colonne scanalate

Veduta della città e del porto dall'area del molo sud, a metà degli anni Trenta

che sorreggono un ricco attico modanato. Le specchiature di quest'ultimo recano sul lato rivolto alla terra le dediche all'imperatore, alla moglie Plotina e alla sorella Marciana. Tali iscrizioni erano impreziosite da lettere di bronzo, forse dorato, che nel corso dei secoli scomparve come le statue e i fregi che decoravano l'opera. L'arco è stato di recente restaurato e sottoposto a interventi d'illuminazione che ne hanno esaltato le forme, valorizzando la sua posizione rispetto al nucleo storico della città e al colle Guasco. Ideale porta d'ingresso ad Ancona dal molo nord è il vicino **Arco Clementino**, dedicato all'altro grande mecenate del capoluogo dorico: papa Clemente XII. Edificato nel 1738 al termine della cinta muraria che percorreva l'intera area portuale, fa parte dei lavori commissionati dal papa a Vanvitelli (tra i quali anche il Lazzaretto) e indispensabili dopo la concessione alla città del porto franco, per modernizzare e abbellire l'approdo anconetano. Stilisticamente coerente con l'Arco di Traiano, fu progettato su modelli neoclassici e realizzato in pietra d'Istria. In origine prevedeva la collocazione sull'attico della statua del pontefice benedicente, che oggi invece domina la Piazza del Plebiscito.

❸ Anfiteatro romano

Lungomare Luigi Vanvitelli, **Tav 3 B4**.
L'anfiteatro, costruito in età augustea (I sec. a.C.-I sec. d.C.), sorge sulla sella naturale tra i colli Guasco e dei Cappuccini. Di forma ellittica, l'imponente struttura era larga 73 m e lunga 93 m, con 20 gradinate che potevano contenere fino a 10.000 spettatori. Era dotato di quattro ingressi, dei quali resta il monumentale Arco Bonarelli, in blocchi d'arenaria, ben visibile nell'adiacente Piazza del Senato. Da Via Birarelli è possibile ammirarne i resti, in verità poco valorizzati e riportati alla luce da scavi archeologici ancora in corso. Abbandonato in età tardo-imperiale, l'Anfiteatro venne utilizzato prima come cava di materiale da costruzione, poi come carcere e infine inglobato nella chiesa di San Gregorio e nel convento di San Bartolomeo.

Il suggestivo Arco di Traiano

❹ CATTEDRALE DI SAN CIRIACO Tav 3 B3

Emblema indiscusso di Ancona, è tra le chiese medievali più significative delle Marche e d'Italia. Situata sulla sommità del colle Guasco, permette di dominare la città e il porto, e per la sua complessa struttura, che fonde una base romanica con elementi gotici e bizantini, incarna l'incontro artistico tra la cultura adriatica e quella orientale. Tempio pagano in origine, cattedrale cristiana poi, è stata oggetto di molte manipolazioni e di un restauro, nel 1883, con cui fu sapientemente riportata alle sue forme medievali. Ha sfidato nei secoli gli eventi, sopravvivendo anche ai bombardamenti del 1815 e a quelli devastanti della Seconda guerra mondiale.

Rosone
Sormontato dal volto del Redentore e circondato da una doppia aureola.

La facciata a doppio spiovente e tripartita segue le diverse altezze delle navate, preannunciando la struttura interna. Le sue sezioni sono divise da lesene piatte e delimitate da ampie fasce decorative.

Protiro
In stile romanico-gotico, è coronato da una cuspide e da un arco a tutto sesto in marmo rosso.

I leoni stilofori
In marmo veronese trattengono un serpente (simbolo del peccato originale) e un agnello (simbolo del sacrificio di Cristo).

Ricco dettaglio dell'interno

Portale
In pietra bianca e rossa, è attribuito a Giorgio da Como (1228 ca.) e inquadrato in cinque arcate ogivali successive dotate di fregi scolpiti.

ANCONA

La cupola poggia su un basso tamburo dodecagonale a sua volta sistemato su una base quadrata.

Piazza Duomo. 071 526 88. 8-12, 15-18 (in estate fino alle 19). www.diocesi.ancona.it

La cappella della Madonna ospita un altare di Luigi Vanvitelli con un'immagine della Vergine ritenuta miracolosa.

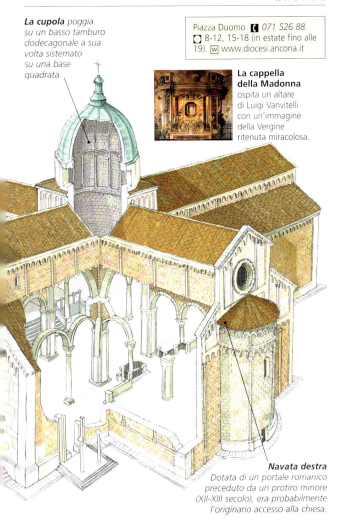

Navata destra
Dotata di un portale romanico preceduto da un protiro minore (XII-XIII secolo), era probabilmente l'originario accesso alla chiesa.

SAN CIRIACO

La tradizione più accreditata identifica il santo patrono di Ancona, festeggiato il 4 maggio, con il dotto ebreo Giuda che nel 326 avrebbe indicato a Elena, madre dell'imperatore Costantino, il luogo di sepoltura della croce di Cristo. Nel 363 subì il martirio a Gerusalemme, durante la persecuzione di Giuliano l'Apostata. Dalla fine del X secolo il suo corpo giace nella cripta dei santi protettori all'interno della cattedrale.

LA STORIA DELLA CATTEDRALE

Scavi risalenti al secondo dopoguerra e fonti romane (Catullo e Giovenale) testimoniano la presenza di un tempio greco coevo alla fondazione della città (IV secolo a.C.) nel luogo in cui sorge la cattedrale. L'edificio venne distrutto, forse a causa del terremoto nel 558, e sulle sue rovine fu costruita una basilica paleocristiana a tre navate. Trasformato in cattedrale nell'XI secolo, il complesso subì diverse modifiche, culminanti con l'innesto di un braccio longitudinale a tre navate che trasformò la pianta della chiesa a croce greca, in un singolare connubio tra arte romanica e modello basilicale bizantino. Simbolo di prestigio per la città, nel XIII secolo la cattedrale venne dotata del portale, del protiro e di una primitiva cupola, e nel Trecento fu quindi intitolata a San Ciriaco, con l'aggiunta del coro e delle cappelle laterali. Successivi interventi sulla struttura sono oggi scomparsi, grazie ai restauri che nel 1883 restituirono alla chiesa la sua fisionomia medievale. Distaccato dall'edificio sacro è il campanile, ricavato su una torre militare del XIII secolo.

Scorcio del campanile di San Ciriaco

Il soffitto di quella centrale è a carena di nave rovesciata, a cassettoni nelle navate laterali, mentre la cupola è sorretta da quattro pilastri sui quali si impostano altrettante arcate a tutto sesto. I bracci del transetto terminano in due cappelle sopraelevate: sulla destra, quella del SS. Crocifisso, con delicati bassorilievi a tarsia del XII secolo; sul lato opposto, la cappella della Madonna con il fastoso altare realizzato nel 1738 da Luigi Vanvitelli, contenente una piccola e assai venerata immagine della Vergine. Sotto le due cappelle si trovano la cripta delle lacrime (luogo di sepoltura dei vescovi diocesani) e la cripta dei santi protettori, quest'ultima ristrutturata nel XVII secolo in stile barocco e custode delle reliquie dei santi Ciriaco, Liberio e Marcellino. La cappella a destra del settecentesco altare maggiore conserva una copia del *Martirio* di Francesco Podesti (l'originale è stato distrutto dai bombardamenti).

L'INTERNO DELLA CATTEDRALE

Dominato dalla penombra, il duomo colpisce per la sua austerità. Sul pavimento bianco, due fasce di marmo rosso delineano il perimetro della chiesa primitiva, mentre colonne di marmo e granito con capitelli bizantini scandiscono le tre navate.

Leone in granito del portale

IL MUSEO DIOCESANO

È allestito nel "vecchio Episcopio", sulla sinistra della cattedrale, e tra le opere che custodisce spiccano il *sarcofago di Flavio Gorgonio*, ornato da magnifici bassorilievi (IV secolo), il *drappo serico di San Ciriaco*, di fattura orientale (X secolo), il *reliquiario di Santo Stefano* (XV secolo) e una preziosa collezione di arazzi fiamminghi, realizzati su disegni di Pieter Paul Rubens (XVII secolo).

Museo diocesano Piazza Duomo. 071 207 47 03 – 071 526 88. chiuso per restauri. www.diocesi.ancona.it

IL PARCO DEL CARDETO

Trentacinque ettari di natura e di storia, manufatti militari e civili, l'antico cimitero ebraico, il vecchio faro della città e un ingente investimento del Comune di Ancona: è quanto caratterizza il Parco urbano del Cardeto, area sovrastante il mare e a due passi dal centro storico, acquistata per valorizzare uno spicchio del patrimonio storico locale. Il progetto in corso che intende trasformare questa ex fortezza militare settecentesca prevede un'area naturalistica, un percorso pedonale tra le fortificazioni napoleoniche, un auditorium nell'ex Polveriera Castelfidardo e una piccola struttura ricettiva per studenti e turisti tra edifici storici e splendidi affacci sul mare.

❺ San Francesco alle Scale

Piazza San Francesco. **Tav 3 B5**.
071 203 005. 8-12, 16-18.

La chiesa sorge all'apice di una scenografica scalinata sulla piazza omonima. Fondata dai Francescani nel 1323, fu in origine dedicata a Santa Maria Maggiore e solamente alla metà del secolo successivo assunse l'attuale titolazione. Nel 1454, Giorgio Orsini (detto Giorgio da Sebenico) realizzò sulla facciata lo splendido portale, ispirato all'impianto architettonico gotico fiorito della Porta Carta del Palazzo Ducale di Venezia. L'opera del maestro dalmata è corredata da una cornice ornata con venti teste e da due pilastri laterali che contengono quattro edicole con statue di santi. Centrali sono la lunetta gotica sul portale, con il bassorilievo di *San Francesco che riceve le stimmate*, e il conchiglione emiciclico che sostiene un baldacchino semiesagonale. L'interno, a navata unica e di aspetto settecentesco, conserva il *Battesimo di Cristo* di Pellegrino Tibaldi, la *Gloria* in gesso di Gioacchino Varlè, gli *Angeli che trasportano la Santa Casa di Loreto* di Andrea Lilli e soprattutto la grande pala dell'*Assunta* di Lorenzo Lotto (1550).

Il portale gotico di San Francesco

La vanvitelliana Chiesa del Gesù

❻ Chiesa del Gesù

Piazza Stracca. **Tav 3 B4-5**.
chiusa per restauri.

Deve la sua fisionomia al genio di Luigi Vanvitelli, al quale l'ordine dei Gesuiti affidò nel 1743 il progetto di ristrutturazione della preesistente chiesa seicentesca per farne la propria sede in città. Visibile anche dal porto è l'inconfondibile facciata neoclassica, in cui spicca lo slanciato pronao tuscanico realizzato con marmi bianchi. L'interno della chiesa ha pianta a croce latina sovrastata da cupola e un'unica navata corredata da grandi cappelle laterali.

❼ Palazzo degli Anziani

Piazza Stracca. **Tav 3 B4-5**.
chiuso per restauri.

Fu Giorgio Vasari, nelle sue *Vite dei più eccellenti pittori*, ad attribuire a Margaritone d'Arezzo il disegno dell'edificio (1270) in stile romanico e gotico. L'altissima facciata presenta quattro arcate gotiche murate, a cui seguono tre ordini di finestre gotiche sovrastate da un ulteriore piano seicentesco. Il palazzo diverrà sede di rappresentanza del Comune.

IL CENTRO STORICO

❽ Pinacoteca Civica e Galleria d'Arte Moderna

Via Pizzecolli 17. **Tav 2 B5**. 071 222 50 41. 9-13 lun, 9-18 mart-ven, 8.30-18 sab, 15-17 dom. gratis sotto i 16 anni. su prenotazione.

I celebri bronzi di Cartoceto

Ospitata nel **Palazzo Bosdari** dal 1973, la **Pinacoteca Civica** è intitolata al pittore anconetano Francesco Podesti: grazie a un lascito di cartoni e bozzetti, permise a un gruppo di suoi concittadini di istituire intorno al 1880 il primo nucleo della raccolta museale. Oltre a capolavori della pittura anconetana e marchigiana, come la *Circoncisione* e la *Dormitio Virginis* (fine XIV-inizio XV secolo) di Carlo da Camerino e *Quattro Santi in estasi* e *Angeli musicanti* (XVII secolo) di Andrea Lilli, la collezione espone una magnifica sezione di pittori veneti, al cui territorio la città dorica fu legata nei secoli da costanti rapporti. Capolavori assoluti sono in tal senso la *Madonna col Bambino* (XVI secolo) di Carlo Crivelli, la *Sacra Conversazione* (XVI secolo) di Lorenzo Lotto, il *Ritratto di Francesco Arsilli* (XVI secolo) di Sebastiano del Piombo, l'*Immacolata concezione* e la *Santa Palazia* (XVII secolo) del Guercino. Su tutti prevale la cosiddetta *Pala Gozzi* di Tiziano (1520, prima sua opera datata), un grande olio su tavola commissionato all'artista da Luigi Gozzi, ricco commerciante dalmata

Madonna col bambino di Crivelli, Pinacoteca Civica

di Ragusa assai attivo ad Ancona. Una sezione espositiva all'ultimo piano del palazzo costituisce la **Galleria d'Arte Moderna**, che presenta opere di autori contemporanei marchigiani e non solo, come Carlo Levi, Ivo Pannaggi, Luigi Veronesi, Corrado Cagli, Valeriano Trubbiani ed Enzo Cucchi.

❾ Museo Archeologico Nazionale delle Marche

Via Ferretti 6. **Tav 3 B4**. 071 202 602 – 071 207 53 90. 8.30-19.30. lun. www.archeomarche.it/musarch.htm gratis sotto i 16 anni e sopra i 65.

Allestito a **Palazzo Ferretti** (XVI secolo), uno dei più eleganti edifici storici della città, il museo rappresenta una delle eccellenze che Ancona può vantare a livello nazionale. Propone una ricchissima documentazione sulle civiltà presenti nelle Marche dal Paleolitico all'Alto Medioevo, con un'importante sezione dedicata alla civiltà picena (X-III secolo a.C.) e ai Galli Senoni (IV-II secolo a.C.). Qui spiccano i corredi funerari, gli oggetti d'alta oreficeria, i vasi attici, gli idoli bronzei e la *testa di guerriero* di Numana. Al secondo piano del museo trovano spazio i reperti più antichi, dal Paleolitico all'Età del Bronzo, di enorme valore documentario: i manufatti ittici del Monte Conero (300.000 anni fa, il più antico insediamento della regione), i reperti degli insediamenti neolitici di Ripabianca di Monterado (VI millennio a.C.) e di Conelle d'Arcevia (III millennio a.C.) e ancora quelli della necropoli protovillanoviana di Pianello di Genga (1200-1000 a.C.). Ma il vero pezzo forte della collezione è la copia (gli originali si trovano al museo di Pergola) del celebre gruppo equestre di età giulio-claudia dei *bronzi dorati di Cartoceto*.

ANCONA

Il Palazzo del Senato del XIII secolo

❿ Palazzo del Senato

Piazza del Senato. **Tav 3 B4**.
Questo raro esempio di edilizia civile medievale risale al XIII secolo, quando fu eretto nell'area dell'antico foro romano come sede del Consiglio senatorio. Gravemente danneggiato dai bombardamenti del 1943-44 e restaurato nel 1952, mostra sulla facciata in pietra un'arcata alta e stretta, nonché due ordini di bifore adorne di eleganti colonnine e rivestite da cornici a tutto sesto che ne sottolineano lo stile romanico. Nel palazzo ha sede la Soprintendenza ai Beni architettonici e ambientali delle Marche.
Sulla piazza del Senato si affaccia anche la **chiesa dei SS. Pellegrino e Teresa**, adiacente a Palazzo Ferretti, detta "degli Scalzi" perché edificata nel XVIII secolo dai Carmelitani.

⓫ Santa Maria della Piazza

Piazza Santa Maria. **Tav 3 A5**.
071 201 283. 8-18.

Autentico gioiello romanico, sorge a ridosso delle mura della polis fondata dai Greci siracusani. Simbolo della prosperità economica della città, ospitava la cerimonia del giuramento del Podestà e, in epoca medievale, la piazza antistante era sede del mercato dei prodotti dall'Oriente. Eretta su chiese preesistenti, fu terminata nel XIII secolo con la realizzazione della facciata a salienti. Il prezioso rivestimento in marmo dalmata, con quattro ordini di arcatelle in pietra arricchite da inserti decorativi, è opera (1210) del Maestro Filippo. L'interno è a tre navate e assai austero.

L'imponente Santa Maria della Piazza

IL MUSEO OMERO

Istituto dal Comune in collaborazione con l'Unione italiana ciechi, è stato riconosciuto come "museo tattile" nel 1999. Il singolare museo dedicato ai non vedenti custodisce una raccolta veramente unica nel suo genere in Italia, organizzata in sezioni dedicate alla scultura antica, moderna e contemporanea e all'architettura. Calchi e copie di monumenti illustri possono essere toccati con mano in un suggestivo itinerario percettivo, dove tra le tante opere riprodotte figurano il Partenone, Santa Maria del Fiore a Firenze, la Basilica di San Pietro e il David di Donatello. A ciò si aggiungono una raccolta archeologica, con reperti originali di vari periodi, e una collezione d'arte moderna.

Museo Tattile Nazionale Omero Via Tiziano 50. *071 281 19 35 – 800 202 220 (numero verde)*. 9-13, 15-19 mart-sab, 16-19.30 dom. ● lun.
W www.museoomero.it

Pannello illustrativo esposto all'interno del Museo della Città

⓬ Piazza del Plebiscito

Museo della Città Tav 3 A5. 071 222 50 45 – 071 222 50 37. 10-13. lun.

Gli anconetani la chiamano con familiarità "piazza del Papa", poiché la marmorea **statua di Clemente XII** (1738) realizzata da Agostino Cornacchini, circondata da un'imponente scalinata e preceduta da una fontana emiciclica realizzate nel XIX secolo da Pietro Zara, ne domina la scena. Piazza del Plebiscito è considerata il "salotto buono" della città, e soprattutto nel periodo estivo i tanti locali pubblici che ne percorrono il perimetro sfoggiano tavoli all'aperto e non di rado propongono spettacoli e concerti. Su di essa si affaccia il **Palazzo del Governo**, sede dal 1860 della Prefettura, di aspetto rinascimentale e caratterizzato da eleganti cornici poste alle finestre e ai marcapiani in pietra d'Istria, nonché da un interessante portale d'ingresso al cortile interno, corredato da due medaglioni effigiati con figure classiche. Accanto al palazzo si staglia la **torre civica**, riconfigurata da Nicola Longhi e Tommaso Giacometti (1581-1612) su una preesistenza del XIV secolo, con un orologio realizzato dall'architetto Zara e arricchito dalla cornice del quadrante e dai numeri in marmo rosso veronese. Sulla parte destra della piazza, nell'ex ospedale di San Tommaso da Canterbury (XIII secolo) e nell'ex pescheria pubblica (1817) ha trovato sede dal 2000 il **Museo della Città**, dedicato alla storia di Ancona. A partire dalla preistoria fino all'età moderna, il percorso espositivo presenta reperti archeologici e opere d'arte, carte topografiche, pannelli didattici e video tematici.

⓭ San Domenico

Piazza del Plebiscito. **Tav 3 A5**.
Eretta da Carlo Marchionni tra il 1763 e il 1788, ha una facciata incompleta nella parte superiore che contrasta con la ricchezza del rivestimento lapideo in marmo bianco della sezione inferiore, caratterizzato da lesene, archi, colonne e nicchie. Oltre a rappresentare la quinta naturale della piazza, la chiesa è un'ottima tappa di interesse artistico soprattutto per ciò che conserva al suo interno. Il primo altare a sinistra ospita infatti la seicentesca Annunciazione del Guercino, mentre nell'abside è collocata una magnifica Crocifissione di Tiziano (1558). In quest'ultima l'artista, prossimo ai settant'anni, mantiene la ricchezza dei soggetti

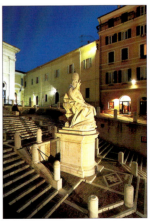

La statua di Clemente XII, in origine destinata a ornare l'Arco Clementino

che lo caratterizza, ma innovando
tecnica e stile: l'immagine
è "sgranata", le figure perdono
la sicurezza del contorno, la forma
si dissolve in un manierismo austero.
Uscendo dalla chiesa, sulla destra,
all'inizio di Via Matteotti si incontra
l'arco di Garòla, o **Porta San Pietro**,
realizzata in pietra nel 1221 sui resti
di fortificazioni dell'XI secolo e firmata
dal maestro Filippo.

Il profilo della torre civica incorniciato
dalla vita nella piazza

⓮ Biblioteca Comunale "Luciano Benincasa"

Via Bernabei 32. **Tav 3 A-B5**.
071 222 50 21 – 071 222 50 22.
9-19 lun-ven, 9-12 sab.

La biblioteca è ospitata all'interno
di Palazzo Mengoli Ferretti, edificio
di stile manieristico risalente alla fine
del XVI secolo e affacciato su Piazza
del Plebiscito. È intitolata all'illustre
erudito anconetano Luciano
Benincasa che alla sua morte,
nel 1669, donò alla città la propria
monumentale raccolta libraria.
Così ebbe inizio l'attività di questa
ricchissima biblioteca pubblica,
accolta dal 1950 nella sede attuale.
Tra il materiale raro e di pregio
della biblioteca vanno annoverati

Facciata di Palazzo Mengoli Ferretti,
che ospita la Biblioteca Comunale

62 incunaboli (libri stampati alla fine
del Quattrocento), circa 2600
cinquecentine e un numero
non quantificabile di edizioni del XVII
e XVIII secolo. Il pezzo probabilmente
più celebre della collezione è la
Geographia di Francesco Berlinghieri,
stampato a Firenze nel 1480.
I manoscritti di carattere generale
sono in tutto 342, alcuni dei quali
costituiscono le fonti principali
per ricostruire la storia di Ancona.
A questi bisogna aggiungerne oltre
200 di partiture musicali, donati alla
Benincasa dalla famiglia anconetana
Nappi nel 1937. Particolare
attenzione viene riservata alla sezione
locale, che comprende opere
riguardanti la storia e la cultura
delle Marche e di Ancona. La raccolta
offre circa 5000 monografie
(pubblicate dalla seconda metà
del XIX secolo ai giorni nostri)
e 809 periodici. Complessivamente,
possiede un patrimonio di circa
145.000 unità bibliografiche che
coprono tutte le varie fasi dell'età
della stampa, con qualche esemplare
di editoria elettronica.

⓯ Piazza Roma

Tav 7 A-B1.

È uno dei punti d'incontro della città, frequentata per i bar, il passeggio e i locali all'aperto. Al suo centro campeggia la **fontana dei Quattro Cavalli**, progettata dall'architetto Lorenzo Daretti e realizzata dallo scultore Gioacchino Varlè nel XVIII secolo, a pochi metri dalla quale convergono corso Garibaldi e corso Mazzini. Proprio su quest'ultimo, in confluenza con la piazza, si può ammirare la **fontana del Calamo**, eseguita su disegno di Pellegrino Tibaldi (1560) e popolarmente detta "delle tredici cannelle" in riferimento

Dettaglio di una delle "cannelle"

al numero delle bocche d'acqua ornate con divertenti "mascheroni" °in bronzo che la compongono. Parallelo alla fontana corre un tratto di basolato di strada romana.

⓰ Teatro delle Muse

Piazza della Repubblica. **Tav 3 A5.**
Ancona è una città ricca di monumenti e capolavori disseminati in un tessuto urbano fortemente segnato da una storia travagliata, come testimonia il teatro che incarna il prestigio culturale della città. Situato in Piazza della Repubblica, a ridosso dell'area portuale, fu costruito tra il 1822 e il 1826 su progetto di Pietro Ghinelli, e inaugurato il 28 aprile 1827 con l'*Aureliano in Palmira* del pesarese Gioacchino Rossini. La facciata

Particolare del sipario del teatro delle Muse

neoclassica è di impianto palladiano e presenta un severo basamento sottolineato da sei arcate in pietra bianca che sorreggono il piano superiore, scandito da sei colonne ioniche in pietra d'Istria. Nel timpano è posizionato il bassorilievo che narra scene mitologiche di *Apollo e le nove Muse*, opera dello scultore bolognese Giovanni De Maria. Danneggiato gravemente durante la Seconda guerra mondiale, dopo un lunghissimo periodo di chiusura è stato riaperto al pubblico nell'ottobre del 2002, ancora una volta con un'opera rossiniana, il *Guglielmo Tell*.

⓱ Chiesa del SS. Sacramento

Piazza Kennedy 14. **Tav 3 A5.**
071 207 08 63.

Si trova tra le moderne Piazza della Repubblica e Piazza Kennedy, con l'ingresso rivolto su corso Garibaldi, in una posizione centrale nel caos del traffico cittadino che non rende

Facciata del Teatro delle Muse

Gli splendidi ricami scolpiti nella pietra e nella storia del portale di Sant'Agostino

facile il suo apprezzamento artistico. Edificata nel 1538 per iniziativa della Confraternita del Buon Gesù, dell'impianto primitivo conserva solo la facciata, severa ma alleggerita da colonne e lesene. Nel corso del XVII secolo la struttura venne rinnovata in stile neoclassico dall'architetto Francesco Maria Ciarrafoni, a cui si deve il campanile dalla cuspide a chiocciola. L'interno, a navata unica, conserva le statue degli Apostoli di Gioacchino Varlè, gli affreschi con i quattro *Evangelisti*, opera senile di Francesco Podesti (1880), un *Crocifisso* ligneo del XVI secolo e tre *arazzi* di fiandra seicenteschi che imitano lo stile di Van Dyck.

⓲ Chiesa di Sant'Agostino

Via Cialdini. **Tav 6 F6**.

Attualmente chiusa al culto, la chiesa fu edificata dai monaci agostiniani nel XIV secolo e per lungo tempo venne considerata una delle tappe immancabili per i pellegrini diretti a Roma. Merita una visita per il magnifico portale lapideo in stile gotico fiorito veneziano, ultima opera realizzata da Giorgio Orsini ad Ancona che fu iniziata nel 1460 e terminata dopo la sua morte. Da notare il bassorilievo che orna la lunetta, dove domina la scena di *Sant'Agostino che mostra la Sacra Scrittura agli eretici*, considerato il capolavoro dell'artista croato. Ai lati, due colonne corinzie scanalate sorreggono le statue dei santi a tutto tondo, incorniciate in edicole sovrapposte: *Santa Monica* e *San Simpliciano* a sinistra, *San Nicola da Tolentino* e il *Beato Agostino Trionfi* a destra.

⓳ Loggia dei Mercanti

Via della Loggia. **Tav 3 A5**.

È situata lungo una delle vie storiche cittadine, asse commerciale vicino al porto che ancora testimonia i segni della sua importanza grazie a edifici storici del XV e XVI secolo che la fiancheggiano, come il **Palazzo Benincasa**. Proprio con finalità mercantili, alla fine del XIV secolo il Senato degli Anziani decise di realizzare una loggia coperta a poca distanza dal molo pubblico e dalla dogana. Tra il 1451 e il 1459, Giorgio Orsini attese alla decorazione della facciata in stile gotico fiorito veneziano, sulla quale spiccano quattro statue allegoriche che rappresentano le virtù del buon mercante cristiano: la *Speranza*, la *Fortezza*, la *Giustizia* e la *Carità*.

Passeggio serale in Corso Mazzini

⓴ Cittadella

Via della Cittadella. **Tav 6 F6**.
La struttura che sovrasta il Colle Astagno risponde al concetto rinascimentale di città nella città. Inserita e al contempo separata dal contesto urbano, l'antica fortificazione garantiva la difesa contro gli assedi nemici e, soprattutto, le rivolte popolari. Fu infatti voluta da papa Clemente VII che, nel 1532, pose definitivamente fine all'autonomia cittadina. Progettata da Antonio Sangallo il Giovane e realizzata tra il 1533 e il 1538, presenta una pianta poligonale irregolare che segue le asperità del terreno ed è frutto di numerose modifiche e di ampliamenti successivamente apportati da Pellegrino Tibaldi, Giacomo Fontana e Francesco Paciotto. L'intera area è oggi adibita a parco pubblico e le strutture storiche sono attualmente in restauro.

㉑ Porta Pia

Via XXIX Settembre. **Tav 6 E-F6**.
Opera di Filippo Marchionni risalente alla fine del XVIII secolo, fu dedicata a Pio VI per commemorare l'apertura di una nuova e più funzionale via d'accesso alla città, voluta dal papa. È realizzata in pietra calcarea e presenta una facciata barocca verso l'esterno e bugnata sul fronte interno. Sotto la profonda arcata, a sottolineare il nuovo corso storico della città, fu in seguito collocata una lapide in ricordo del generale Cialdini, che entrando in città alla guida dell'esercito di Vittorio Emanuele II liberò Ancona dal governo pontificio.

La settecentesca Porta Pia

㉒ Mole Vanvitelliana

Banchina Giovanni Da Chio. **Tav 6 D-E**.
📞 071 222 50 31 – 071 222 43 43.
Situata sulle acque del porto, rientra nella serie di opere commissionate da papa Clemente VII a Luigi Vanvitelli. La pianta pentagonale e la particolare posizione ne fanno uno dei monumenti più singolari e caratteristici della città. Costruita tra il 1733 e il 1743, e conosciuta anche come Lazzaretto, l'opera architettonica è dotata di un possente muro di cinta con marciaronda e garritta a ogni angolo per ospitare le sentinelle, a testimonianza della sua funzione difensiva. La struttura veniva tuttavia utilizzata anche a scopi sanitari, che ne giustificano l'isolamento: persone e merci provenienti da zone lontane e sospette venivano qui tenute in quarantena per prevenire possibili

L'imponente sagoma dell'antica Cittadella fortificata, oggi parco pubblico

contagi. Al centro del cortile interno sorge il *tempietto* in travertino, opera dello stesso Vanvitelli dedicata a San Rocco. Nel tempo, l'edificio è stato adibito a caserma, a carcere e perfino a zuccherificio e magazzino di tabacchi. Attualmente è sede di manifestazioni culturali e al suo interno vengono allestite mostre e organizzati spettacoli.

L'ingresso alla Mole Vanvitelliana, luogo simbolo della città affacciato sul porto

㉓ Viale della Vittoria

Tavv 7 C2-3/8 D-E3-4.

Lunga circa un chilometro e completamente rettilinea, la strada collega il centro storico con la zona balneare di Ancona. Una passeggiata lungo questo viale alberato, fiancheggiato da deliziosi villini liberty, è imperdibile per chi si trova in città anche per una sola giornata.

㉔ Passetto

Tav 8 F4.

Si tratta di un'area verde panoramica che si affaccia sulla costa alta di Ancona, a picco sul mare e assai apprezzata dai locali come luogo di relax e di passeggio. Grazie a una monumentale scalinata o, più comodamente, tramite un ascensore funzionante nel periodo estivo, si può infatti scendere fino alla spiaggia sottostante.
In cima, nella Piazza IV Novembre, svetta il **monumento ai Caduti** di Guido Cirilli (1927-1933), un tempietto a pianta circolare e in stile dorico poggiante su un ampio basamento contornato da otto colonne strigilate. Contiene una grande ara e l'epigrafe posta sul fregio riporta versi della canzone *All'Italia* di Giacomo Leopardi. Percorrendo la spiaggia in direzione nord-ovest è possibile scoprire diverse e suggestive grotte, in parte naturali, in parte scavate dai pescatori come ricovero per le imbarcazioni, fino a raggiungere un singolare scoglio che gli anconetani chiamano familiarmente "la seggiola del Papa".

Il monumento ai Caduti del Passetto

La bellissima spiaggia di Portonuovo ▶

LA PROVINCIA DI ANCONA

Posizionata nel centro geografico delle Marche, la provincia di Ancona racchiude il fascino di una terra dai paesaggi vari e mutevoli, aperta a ventaglio sul mare Adriatico con oltre 50 km di costa e insieme rivolta verso un entroterra di valli, colline e rilievi che arriva a lambire le pendici del Monte Catria e del Monte Cucco in Umbria. Se la Riviera e il Parco Naturale del Conero, Senigallia e le grotte di Frasassi rappresentano le principali mete di un turismo balneare e naturalistico, a due passi dai classici itinerari di vacanza si moltiplicano le occasioni di scoperte culturali e artistiche. Sono borghi di poche piazze e vie strette intorno a un campanile che, al pari di eleganti cittadine come Osimo e Castelfidardo, Jesi e Fabriano, custodiscono tesori dell'arte, tradizioni culturali e quelle antiche vocazioni devozionali per le quali Loreto è ancora il punto di arrivo di migliaia di pellegrini.

DA VEDERE

Castelfidardo ❼
Castelleone di Suasa ⓭
Chiaravalle ❸
Corinaldo ⓬
Fabriano ⓫
Falconara Marittima ❶
Jesi ❿
Le Grotte di Frasassi ⓮
Loreto ❾
Numana ❻
Osimo ❽
Portonovo ❹
Senigallia ❷
Sirolo ❺

Le Grotte di Frasassi

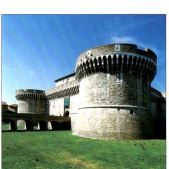

La Rocca roveresca di Senigallia

LA PROVINCIA DI ANCONA

Veduta di Loreto con il celebre santuario, meta di vari pellegrinaggi

Spiaggia del promontorio del Conero

LEGENDA

― Autostrada e tangenziale
― Strada statale
― Strada principale
― Altra strada
― Linea ferroviaria

DA FALCONARA MARITTIMA A CHIARAVALLE

❶ Falconara Marittima

🏠 28.000. 🚆 🚌 ℹ️
URP Via Bixio 43.
📞 *071 917 43 86.*
@ *info@turismofalconara.it*

Centro industriale specializzato nella raffinazione del petrolio, propone alcune belle spiagge che sul finire del XIX secolo furono di gran moda tra la nobiltà anconetana e jesina. Nella stagione estiva è animato dalla *Festa del mare*, che coincide con un'apprezzata *Mostra mercato del fumetto*. La parte monumentale della città si trova a **Falconara Alta**, a 2 km dal litorale, mentre sulla strada per Jesi, nel borgo di Castelferretti (XIII secolo), si incontra la chiesa di **Santa Maria della Misericordia** (XV secolo), con un ciclo di affreschi coevo composto da artisti di scuola umbro-marchigiana. Tornando verso il mare, alla foce del fiume Esino si erge l'imponente **Rocca Priora**, la cui origine viene collegata alla nascita di Federico II di Svevia (Jesi, 1194).

I famosi "pretini" di Giacomelli

❷ Senigallia

🏠 50.000. 🚆 🚌 ℹ️ *071 662 92 58.*
@ *turismo@comune.senigallia.an.it*

Fu la prima colonia fondata dai Romani sulla costa adriatica (*Sena Gallica*, 289 a.C.), e il suo nome ricorda quello dei Galli Senoni stanziati in precedenza nel suo territorio. Nel Medioevo giunsero da Marsiglia le reliquie di S. Maria Maddalena, che diedero avvio alla fiera cittadina (detta *della Maddalena*) propiziando, soprattutto nel XVII e nel XVIII secolo, commerci e benessere economico. Tra il 1474 e il 1631, sotto la dinastia dei Della Rovere, si arricchì dei monumenti più prestigiosi. Oggi, con i suoi 13 km di sabbie vellutate, è un moderno centro balneare che può vantare lo *Stabilimento Idroterapico di Bagni Marini* (1853), uno dei primi dell'Adriatico. In Piazza del Duca, in una posizione che domina con severità l'intero spazio, la **Rocca roveresca** fu voluta da Giovanni Della Rovere, signore della città dal 1474 al 1501, il quale la affidò prima a Luciano Laurana, che realizzò la parte residenziale e il ponte levatoio, quindi a Baccio Pontelli, artefice della struttura difensiva costituita da un quadrilatero con quattro massicci torrioni circolari. Coevo alla Rocca è il **Palazzetto Baviera**, il cui vanto è la straordinaria sequenza di stucchi (1590) che ornano le volte di cinque sale. Opera dell'urbinate Federico Brandani, illustrano le fatiche di Ercole ed episodi dell'Iliade, della Genesi e della storia di Roma. Le due strutture sono fronteggiate dal **Palazzo del Duca**, eretto alla metà del XVI secolo su progetto di Gerolamo Genga come dimora di rappresentanza per la corte. Decentrata rispetto alla planimetria della piazza sorge infine la cosiddetta **fontana delle Anatre**, edificata nel 1599 da Francesco Maria II Della Rovere. Di rilievo è anche il **Foro**, struttura neoclassica

La rotonda sul mare di Senigallia, piattaforma marina risalente al 1933

LA PROVINCIA DI ANCONA

La Rocca di Senigallia, possente fortezza voluta da Giovanni della Rovere

a pianta circolare, progettata nel 1834 dall'architetto senigalliese Pietro Ghinelli. È caratterizzata da un portico con 24 colonne in stile dorico che accoglie il quotidiano e pittoresco mercato del pesce e delle erbe. Il centro della città è senz'altro costituito da Piazza Roma, su cui si affacciano il **Palazzo Municipale** (XVII secolo) e la **torre dell'orologio**. Da qui si intravede anche la facciata della **Chiesa della Croce**, iniziata nel 1576 e portata a termine da Girolamo Marini nel 1605, nel cui fastoso interno barocco è custodito il *Trasporto di Cristo al Sepolcro* (1580 circa) di Federico Barocci. Infine, il **Museo Comunale d'Arte Moderna e dell'Informazione** presenta una magnifica collezione di fotografi contemporanei, tra i quali il senigalliese Mario Giacomelli, poetico osservatore della terra marchigiana noto per le immagini dei "pretini" scattate nel seminario di Senigallia.

Chiesa della Croce
Piazza Roma. 071 649 77.
tutti i giorni.
Museo Comunale d'Arte Moderna e dell'Informazione
Via Pisacane 84. 071 604 24.
8.30-12.30, 15.30-18.30.
sab e festivi.
Palazzo del Duca e Palazzetto Baviera
Piazza del Duca. 071 662 92 66.
8.30-12.30, 15.30-18. sab e festivi.
Rocca Roveresca
Piazza del Duca. 071 632 588.
tutti i giorni 8.30-19.30.

❸ Chiaravalle

14.000. **Municipio** Piazza Risorgimento 11. 071 949 90 11.
info@comune.chiaravalle.an.it

Situata nella bassa Valle dell'Esino, si trova a circa 6 km dal litorale. Principale elemento di richiamo turistico è l'**abbazia di S. Maria in Castagnola** (o *di Chiaravalle*), fondata dai cistercensi di Clairvaux sulle preesistenze di un monastero benedettino, attorno a cui si sviluppò l'abitato a partire dal XII secolo. Fra le figure illustri della città, la pedagogista Maria Montessori, nata nel 1870, che fu una delle più importanti personalità mondiali nel campo dell'educazione.

L'abbazia cistercense di Chiaravalle

IL PARCO DEL CONERO

Percorrendo il tratto di litorale adriatico che da Trieste giunge al Gargano si incontra un unico promontorio, il Monte Conero, che coi suoi 572 m di altitudine si cala nel verde della macchia mediterranea sino a lambire l'azzurro del mare. È attorno a tale promontorio che sorge il Parco Regionale del Conero, un'oasi ambientale che, dal Passetto di Ancona al fiume Musone, abbraccia una porzione di territorio compresa tra la costa, il massiccio montuoso e le colline dell'interno. Un totale di 6011 ettari di area protetta che comprende una riserva integrale e una di riserva orientata. Per far scoprire i suoi tesori sono nati 18 percorsi escursionistici, alcuni dei quali attraversano emergenze naturalistiche e antiche testimonianze d'arte e di cultura.

Anello di Portonovo
Tempo: 1,30 ore.
Difficoltà bassa.
Percorribile a piedi, nella baia ai piedi del versante nord-orientale del Monte Conero.

Traversata del Conero
Tempo: 4 ore (andata).
Difficoltà intermedia.
Percorribile a piedi, a cavallo e in bici fino all'ex Convento dei Camaldolesi.

Le Due Sorelle
Tempo: 2 ore (andata).
Difficoltà alta.
Percorribile a piedi, attraversa parte della Riserva integrale.

Centro visite Parco Regionale del Conero
Via Peschiera 30, Sirolo.
071 933 11 61 – 071 933 18 79.
www.parcoconero.it,
www.parcodelconero.eu
parco.conero@regione.marche.it
linea Ancona-Sirolo
Ancona, linea Milano-Lecce.

Veduta del Parco del Monte Conero

❹ Portonovo

IAT Via Peschiera, Sirolo. ☏ *071 933 06 11.* @ iat.sirolo@regione.marche

Gioiello del Parco Regionale del Monte Conero e Bandiera Blu per le sue spiagge, conserva un contesto naturale di notevole rilievo ed è per questo la meta balneare preferita dagli anconetani. La baia omonima, con i caratteristici ciottoli bianchi, è impreziosita da un capolavoro dell'architettura romanica, una traccia preziosa della vita monastica che contraddistinse questa zona nel Medioevo, con eremiti alla ricerca di silenzio e solitudine. Si tratta dell'incantevole chiesetta di Santa Maria di Portonovo (XI sec.), non troppo distante dalla quale si incontrano altre significative testimonianze storiche: la torre di guardia eretta nel Settecento a difesa dei pirati e il fortino napoleonico, baluardo militare risalente al 1810 e ora trasformato in lussuoso hotel.

❺ Sirolo

🏠 3400. **IAT** Via Peschiera. ☏ *071 933 06 11.* @ iat.sirolo@regione.marche

Spiagge selvagge, rupi scoscese, grotte e rocce bianche attraversate da pinete che s'affacciano su acque trasparenti

L'incantevole spiaggia di Sirolo

La chiesa di Santa Maria di Portonovo

e profonde. Tutto ciò rende questo borgo medievale una meta indiscussa per chi desidera mare e natura, entrambi esaltati nel paesaggio maestoso che si può scorgere dalla elegante e centralissima piazzetta panoramica del paese. Da oltre un decennio Bandiera Blu, annovera tra i suoi vanti le spettacolari falesie bianche delle Due Sorelle, raggiungibili via mare o attraverso un lungo sentiero impervio.

❻ Numana

🏠 3600. **IAT** Piazza del Santuario. ☏ *071 933 06 12.* @ iat.numana@regione.marche.it

Antico porto piceno rifondato dai siracusani, fu colonia e poi municipium romano prima di decadere, nel Medioevo, in seguito a terremoti e saccheggi. Estesa sulle falde meridionali del Conero, all'interno del Parco Regionale, da umile villaggio di pescatori si è trasformata in una moderna città turistica, con un porticciolo attrezzato per la fonda e il rimessaggio di imbarcazioni da diporto. Testimonianze della civiltà picena sono conservate nell'Antiquarium, dove si trova anche la sepoltura della regina di Sirolo, tumulata con due carri nel VI secolo a.C.

Antiquarium
Via La Fenice. ☏ *071 933 11 62.*
◯ *9-19.30* 🎟 visite guidate. ♿

L'ENTROTERRA

Un vagabondaggio tra colline sinuose e antichi borghi, tra campi verdi di grano e dorati di frumento, tra filari di antiche vigne e distese di profumata lavanda. Voltando le spalle al mare, il viaggio alla scoperta della provincia di Ancona svela un territorio agricolo dalle grandi eccellenze enogastronomiche, ritmato dalle fertili valli dei fiumi che l'attraversano – il Musone, l'Aspio e l'Esino – e da piccoli centri urbani che sanno stupire il visitatore. Ora con le torri di una rocca medievale, ora tra viuzze antiche che di tanto in tanto svelano un cornicione finemente lavorato in terracotta o l'antico portale di una chiesa. Più che sul capoluogo, rivolto per tradizione al mare, l'entroterra ha storicamente gravitato intorno ad alcune città che nel tempo hanno saputo prevalere sulle altre.

❼ Castelfidardo

18.000. Osimo (7 km), linea Ancona-Pescara. **Pro Loco** Piazza della Repubblica 6. 071 782 29 87.

Sottomessa al dominio papale dalla metà del XIV secolo e gravata dal controllo sulle rendite dei terreni agricoli da parte della Santa Casa di Loreto fino al XVII secolo, ebbe la sua consacrazione storica nazionale il 18 settembre 1860, quasi a conclusione delle battaglie risorgimentali, con un importante e decisivo scontro tra le truppe pontificie e quelle del IV corpo d'armata piemontese guidate dal generale Cialdini. La vittoria di queste ultime determinò l'annessione dell'Umbria e delle Marche prima al Regno di Sardegna, quindi al Regno d'Italia. In memoria della battaglia di Castelfidardo, nei pressi del centro storico e all'interno dell'attuale **Parco della Rimembranza** dedicato ai caduti della Grande guerra, fu eretto nel 1910 un gruppo bronzeo dello scultore Vito Pardo. L'opera raffigura i soldati piemontesi all'assalto guidati da Cialdini, e per la sua imponenza (alto circa 6 m e lungo 12 m, poggia su un grande basamento in massi di travertino bianco di Ascoli) è il monumento più rilevante del suo genere in Italia. Sulla centrale piazza cittadina si trova invece il **Palazzo Comunale**, affiancato da una torre campanaria

Fisarmonica esposta a Castelfidardo

Il poderoso gruppo scultoreo di Castelfidardo, che ricorda la battaglia del 1860

merlata e arricchita da un orologio settecentesco. Nel seminterrato del palazzo, il **Museo Internazionale della Fisarmonica** riassume la storia singolare dello strumento che il fidardese Paolo Soprani, a partire dal 1863, trasformò nel motore economico della sua città. Alla fine del XIX secolo, infatti, la ditta Soprani aveva 400 dipendenti e produceva ben 250 tipi di armonici, e negli anni Cinquanta del secolo appena trascorso da Castelfidardo si esportavano in tutto il mondo 250.000 strumenti all'anno. Oggi sono attive alcune decine di fabbriche in città, che alla fisarmonica dedica anche un prestigioso Premio e Concorso Internazionale per solisti e complessi.

Museo Internazionale della Fisarmonica
Via Mordini 1.
071 780 82 88.
feriali 10-12, 16.30-19;
festivi 10-12.

❽ Osimo

14.000. Osimo, linea Ancona-Pescara. **IAT** Piazza Boccolino.
071 724 92 82, 800 22 88 00 (num. verde).
sport.turismo@comune.osimo.an.it

Dettaglio del Duomo di Osimo

Abitata dai piceni dall'XI al VI secolo a.C. e passata sotto l'influenza romana nel 295 a.C., è una città antica e signorile, stretta all'interno di una cinta muraria di origine medievale. Sulla piazza centrale si erge il **Palazzo Comunale**, costruito su progetto dell'architetto militare Pompeo Floriani da Macerata. Accessibile dal suo cortile interno si trova il **lapidario comunale**, con una raccolta di statue e reperti di epoca romana. Nella vicina piazza omonima si trova il **Duomo**, dedicato a San Leonardo. Risalente all'VIII secolo e successivamente modificato nel XII-XIV secolo, è uno degli esempi più interessanti di architettura romanico-gotica nelle Marche. Accanto al Duomo, il **battistero** risalente al XII-XIII secolo conserva un fonte battesimale del Seicento in bronzo e un soffitto ligneo decorato da Antonio Sarti di Jesi intorno al 1629. Infine, il **Santuario di San Giuseppe da Copertino** ospita le spoglie del santo che volava e che è conosciuto come protettore degli studenti, il quale qui morì nel 1603. Nel museo all'interno del santuario si possono visitare le sue "camerette", dove visse in preghiera e isolamento e in cui si trovano documenti, suppellettili e oggetti personali.

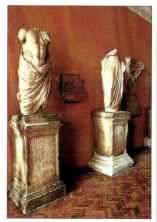

Statue romane nel lapidario di Osimo

Museo San Giuseppe
Santuario San Giuseppe da Copertino
Piazza Gallo 10. 071 714 523.
6.30-12, 15.30-19.30.

❾ LORETO

Sorge su un colle in posizione panoramica, cinta in parte da mura e bastioni costruiti tra il 1517 e il 1520 per proteggerla dalle incursioni dei pirati che minacciavano le coste dell'Adriatico. Ogni anno è raggiunta da migliaia di pellegrini per la presenza di uno dei santuari più importanti d'Italia. Secondo la leggenda, infatti, custodisce la Santa Casa di Maria, trasportata da Nazareth fin qui in volo dagli angeli. La devozione popolare alla Madonna di Loreto, protettrice degli astronauti, si esprime anche con eventi e riti della tradizione, come la festa della Venuta: la notte tra il 9 e il 10 dicembre si accendono fuochi nelle campagne di Ancona, Macerata e Ascoli Piceno, in ricordo della miracolosa traslazione.

Particolare di un affresco all'interno della Basilica

Il rivestimento marmoreo
fu disegnato da Bramante nel 1509: vi sono bassorilievi sulla vita della Madonna, Sibille e Profeti nelle nicchie superiori e inferiori e nel centro del lato ovest la splendida Annunciazione di Andrea Sansovino.

Affreschi interni
Questo volto di Maria è uno dei frammenti rimasti dei secoli XIV e XV.

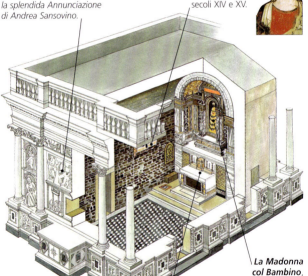

La Madonna col Bambino, *in legno di cedro, riproduce l'originale in abete rosso distrutto durante un incendio.*

L'altare *venne ricostruito dopo un incendio nel 1922, su disegno di Guido Cirilli.*

NOTE INFORMATIVE

🚶 11.200. 🚌 🚆 Loreto, linea Ancona-Pescara.
ℹ️ IAT Via Solari 3. ☎ 071 970 276.

Santuario della Santa Casa

Piazza della Madonna. 071 974 71 55, 071 970 104 ott-mar: 6.45-19; apr-set: 6.15-20.
Santa Casa 10.30-16.30 (apr-set: fino alle 18.30). w www.santuarioloreto.it

Imponente e scenografica, la piazza della Madonna è dominata dalla facciata del **Santuario** della Santa Casa, costruita inizialmente in stile gotico nel 1468, successivamente ristrutturata con forme rinascimentali da architetti del calibro di Giuliano da Maiano, Bramante, Francesco e Giorgio Martini, e infine ultimata con il campanile progettato da Luigi Vanvitelli verso la metà del XVIII secolo. All'interno, sotto la cupola di Giuliano da Sangallo (1500) si può ammirare la **Santa Casa**, una costruzione in mattoni (9,50 per 4 m) con rivestimento in marmo e bassorilievi che narrano le *Glorie della vita terrena della Madonna*. Un mistero avvolge questo piccolo ediciclo e riguarda la messa in salvo da parte degli angeli (10 dicembre 1294) dell'abitazione di Maria, Gesù e Giuseppe dopo l'invasione della Palestina da parte dei maomettani (1291).
Studi recenti hanno confermato la coincidenza perfetta delle mura della casa di Loreto con i resti ancora oggi presenti a Nazareth.
Di conseguenza, gli studiosi hanno ipotizzato il "sacro trasporto" in Occidente, da parte dei crociati, e in nave fino alle Marche.
In quegli anni, infatti, il potere della Chiesa era nelle mani del vicario del Papa Celestino V, il vescovo di Recanati Salvo. Quest'ultimo probabilmente decise di far approdare le pietre a Porto Recanati e di ricostruire la Santa Casa proprio nella sua diocesi.
All'interno della basilica sono conservate decorazioni e opere di prima grandezza, come gli affreschi realizzati da Luca Signorelli (1479 ca.) e Federico Zuccai, gli stucchi di Brandani e gli affreschi del Pomarancio (1605-1610) nella Sala del Tesoro 1.

La facciata tardorinascimentale del Santuario della Santa Casa

Museo-Pinacoteca

Piazza della Madonna. 071 974 71 98.
apr-ott: 9-13, 16-19; nov-mar: 10-13, 15-18 sab-dom. lun.

È allestito al piano superiore del Palazzo Apostolico e raccoglie dipinti e oggetti provenienti da importanti donazioni o facenti parte dei precedenti arredi della Basilica. Tra le opere in mostra, sono degne di nota le tele di Lorenzo Lotto (che morì a Loreto nel 1556) e di altri illustri pittori, nonché parti di affreschi staccati dalle pareti interne della cupola (Pomarancio) o da capelle absidali (F. Menzocchi, P. Ribaldi, G. Muziano), a seguito dei grandi restauri di fine Ottocento.
Da non perdere anche la bellissima serie di arazzi seicenteschi realizzati in Belgio su cartoni di Raffaello Sanzio, come pure la collezione (circa 500 pezzi) di ceramiche da farmacia, in gran parte donate al santuario da Guidobaldo II della Rovere, duca d'Urbino. Infine potrete ammirare, oggetti diversi e preziosi, provenienti dalla raccolta che un tempo era custodita all'interno della "Sala del Tesoro" annessa alla Basilica.

❿ Jesi

🚶 40.000. 🚆 Jesi, linea Ancona-Roma. 🛈 **Ufficio Turismo del Comune**, Piazza della Repubblica. 📞 *0731 538 420*. ⏰ 10-13, 15-18 lun-sab.

Fondata dagli Umbri e dominata prima dagli Etruschi e poi dai Galli Senoni, nel III secolo a.C. divenne romana con il nome di *Aesis*. La sua storia è legata ad alcuni illustri personaggi: l'Imperatore Federico II di Svevia, che qui nacque nel 1194 e donò poi a Jesi il titolo di "Città Regia", il pittore veneziano Lorenzo Lotto, i grandi musicisti Giambattista Pergolesi e Gaspare Spontini. Secondo la tradizione, come ricorda una lapide su **Palazzo Ripanti Vecchio**, Federico II di Svevia nacque qui sotto una tenda da Costanza d'Altavilla. In Piazza Federico II sorge il **Duomo** dedicato a San Settimio, primo vescovo della città. In pieno centro cittadino, si erge la possente mole dell'antico Palazzo del Comune, sede originale del Gonfaloniere e dei Priori. Edificato tra il 1486 e il 1498 su progetto di Francesco di Giorgio Martini, il palazzo ospita oggi il **Museo Civico**, con reperti e testimonianze storiche della città, e la **Biblioteca Comunale Planettiana**, con oltre 100.000 volumi rari e pregiati. Lo splendido **Teatro Pergolesi**, inaugurato nel 1798, presenta una sala ellittica-ovoidale, una volta decorata da scene mitologiche e un bellissimo sipario ottocentesco. È dedicato a un illustre figlio della città, Giovanni Battista Pergolesi, che qui nacque nel 1710. Altro monumento di rilievo è il **Palazzo Pianetti-Tesei**, costruito nella prima

L'interno del Teatro Pergolesi di Jesi

La pala di Santa Lucia di Lorenzo Lotto

metà del XVIII secolo, una delle più interessanti creazioni del rococò italiano. Possiede una magnifica galleria decorata e dipinta su cui si aprono le stanze che accolgono la **Pinacoteca Civica**. Questa raccoglie alcune tra le più belle opere di Lorenzo Lotto: la *Pala di Santa Lucia*, conclusa nel 1532, la *Madonna delle Rose* (1526), la *Visitazione* (1531 ca.) e le due tavolette che compongono l'*Annunciazione* (1526).

Palazzo della Signoria
Piazza Colocci. 📞 *0731 538 345*. ⏰ 9-13, 15-19.
Palazzo Pianetti-Tesei
Via XV settembre. **Pinacoteca Civica** 📞 *0731 538 342-3*.
⏰ 15 set-15 giu: 10-13, 16-19 mart-sab, 10-13, 17-20 dom e festivi; 16 giu-16 set: 10-20 mart-dom. 🖼 ♿
Palazzo della Signoria
Piazza della Repubblica. 📞 *0731 538 355*. ⏰ visitabile su richiesta.

⓫ Fabriano

🚶 31.000. 🚆 Fabriano, linea Ancona-Roma. 🛈 **IAT** Piazza del Comune 4. 📞 *0732 625 067*. @ iat.fabriano@regione.marche.it

Il cuore della città è la Piazza del Comune, di forma quasi triangolare, che offre una visione scenografica dell'austero e massiccio **Palazzo del Podestà** (1255), della grande fontana rotonda che lo fronteggia, detta **Sturinaldo** (1285), come pure del **Palazzo Comunale** del XIV secolo, a ridosso del quale si trova il loggiato di San Francesco (XV e XVII secolo). Degni di nota sono anche il **Palazzo**

LA PROVINCIA DI ANCONA

Chiostro nel convento di San Domenico

Vescovile, di epoca cinquecentesca, affiancato dalla torre dell'orologio, e soprattutto il **Teatro Gentile**, a cui si accede dal cortile del Palazzo Comunale.
Il Teatro fu realizzato nel 1869 e presenta una facciata neoclassica. La struttura interna è costituita da quattro ordini di palchi che possono contenere fino a seicento persone. Sulla scena potrete ammirare il sipario dipinto nel 1880 dall'artista bolognese Luigi Serra, che è anche l'autore dei pannelli del soffitto.

Piazza del Comune, Fabriano

⓬ Corinaldo

🏠 5200. 🚍 ℹ️ **Municipio** Via del Corso 9. 📞 *071 679 311.* 🌐 www.corinaldo.it

Fare il giro della cinta muraria, lunga 912 m e intervallata da torri e porte d'accesso, è il modo migliore per godersi la città. L'attuale assetto urbano fu decretato nel Trecento dal Cardinale Egidio Albornoz; da segnalare il vecchio convento delle benedettine, dove ha trovato spazio la Civica Raccolta d'Arte Claudio Ridolfi. La città è nota per il culto della corinaldese Santa Maria Goretti, la cui casa è meta di pellegrinaggi.

⓭ Castelleone di Suasa

🏠 1700. 🚍 ℹ️ **Ufficio turistico.** 📞 *071 966 770.* **Consorzio Città Romana di Suasa** 📞 *071 966 524.* 🌐 www.castelleone.disuasa.it

L'odierno impianto cittadino si sviluppa intorno al centro storico medioevale, con mura, una rocca, il castello, la chiesa e il **Palazzo Della Rovere**, di epoca rinascimentale. La sua importanza attuale è però dovuta alle ricerche archeologiche che da diversi anni interessano il territorio, coordinate dal **Consorzio Città Romana di Suasa**. Gli scavi, ancora in corso, hanno riportato alla luce una sontuosa Domus patrizia risalente al I secolo a.C., un grande anfiteatro, una necropoli e un foro.

LA CITTÀ DELLA CARTA

Inventata in Cina nel 105 a.C. e portata in Occidente dagli Arabi nel X secolo, la carta deve ai fabrianesi il segreto per non ammuffire, grazie all'impermeabilizzazione con colla animale. L'industria locale ebbe il suo massimo sviluppo nel XIV e nel XV secolo, e può vantare anche l'invenzione della filigrana, un'impronta apposta sulla carta e visibile in controluce. Si deve infine a Pietro Miliani, nel 1780, una svolta importante, con la produzione delle carte valori celebri in tutto il mondo. A questo vanto cittadino Fabriano ha dedicato il magnifico Museo della Carta e della Filigrana, situato nel convento della chiesa di San Domenico.
Museo della Carta e della Filigrana Largo F.lli Spacca 2. 📞 *0732 709 207.* 🕐 10-18 mart-dom (gruppi su prenotazione). ⚫ lun. 🌐 www.museodellacarta.com

⑭ LE GROTTE DI FRASASSI

Un paesaggio caratterizzato da anfratti, insenature e cavità, con decine di ingressi aperti su stretti cunicoli e grotte monumentali. Ogni visita alle Grotte di Frasassi si trasforma immediatamente in un viaggio fantastico nelle viscere della terra, alla scoperta di "cattedrali gotiche" come l'Abisso Ancona, cesellato per milioni di anni dall'arte paziente della natura. Esaltato dalla spettacolare illuminazione ideata dallo scenografo Cesarini da Senigallia, l'itinerario ipogeo attraversa camminamenti sopraelevati, ambienti ricchi di concrezioni e forme straordinarie, di stalagmiti alte oltre 20 m e denominate "i Giganti". E ancora, laghetti cristallizzati come quello della magnifica Sala delle Candeline, la grande stalattite pendente chiamata "Spada di Damocle" nella Sala dei Duecento, la Sala delle Colonne, la Sala dell'Orsa, la sala dell'Infinito e infine la Sala dei Pagliai. Le Grotte di Frasassi sono state aperte al pubblico nel 1974 e l'attuale percorso turistico attrezzato, accessibile con facilità, si snoda per circa 1600 m. Un'esperienza spettacolare nel cuore della montagna che è stata ormai vissuta da almeno 10 milioni di persone.

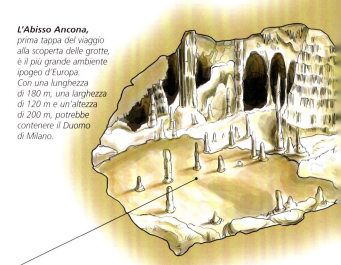

L'Abisso Ancona,
prima tappa del viaggio alla scoperta delle grotte, è il più grande ambiente ipogeo d'Europa. Con una lunghezza di 180 m, una larghezza di 120 m e un'altezza di 200 m, potrebbe contenere il Duomo di Milano.

La Sala delle Candeline
è considerata la più suggestiva del monumentale complesso carsico, con numerose e fini stalagmiti che, al pari di suggestive infiorescenze, emergono come candele da un limpido specchio d'acqua.

Tipico panorama delle grotte

Nella Sala dell'Infinito termina il classico percorso turistico di visita, che affronta un insieme di meandri e labirinti con soffitti abbassati e ricchi di concrezioni. Di qui inizia un tour speleologico facile, caratterizzato da brevi arrampicate, cunicoli, strettoie e scivoli ad altre sale delle grotte.

Spettacolare formazione rocciosa

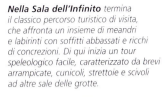

La Grotta Grande del Vento, con uno sviluppo di oltre 13 km, è tra le aree speleologiche più importanti e famose d'Europa. Fu scoperta nel 1971 dal Gruppo Speleologico Marchigiano del CAI e la sua origine risale a 1.400.000 anni fa.

Le Canne d'Organo, uno degli incontri più singolari per i visitatori di Frasassi; si trovano nella Sala dei Duecento e sono concrezioni conico-lamellari che, se colpite delicatamente con oggetti metallici, emettono vibrazioni simili a suoni di un organo.

Consorzio Frasassi, Genga.
- 0732 972 11.
- 0732 972 000 – 900 80.
- www.frasassi.com
- grotte@frasassi.com
- In gruppi. Le visite durano 70 minuti e necessitano di abbigliamento adeguato. Possono essere effettuate visite personalizzate (2-3 ore circa) nelle aree chiuse al pubblico, con guide che accompagnano i visitatori in altri due percorsi speleologici più impegnativi.

GUIDA PRATICA

Stradario 48-61
Trasporti
e informazioni utili 62-64

STRADARIO

L E INDICAZIONI DI TAVOLA presenti nelle pagine relative ad Ancona si riferiscono alle tavole di questo stradario *(pp 50-57)*. Un indice completo delle strade e dei luoghi si trova alle pagine 58-60. La mappa in questa pagina indica la zona di Ancona inclusa nello stradario, che oltre alle vie fornisce alcune indicazioni utili (edifici pubblici ecc.).

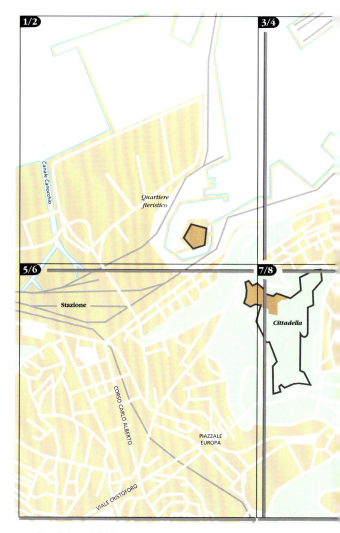

◀ **Veduta di Piazza del Plebiscito**

ANCONA

La prima cifra corrisponde al numero di tavola dello *Stradario*.

La lettera e il numero forniscono le coordinate verticali e orizzontali.

LEGENDA

	Luogo d'interesse
	Attrattive principali
	Stazione ferroviaria
	Fermata principale autobus
FS	Stazione ferroviaria
P	Parcheggio
i	Ufficio informazioni turistiche
	Ospedale con pronto soccorso
	Polizia
	Chiesa
⊠	Ufficio postale
=	Ferrovia

Tutte le tavole sono in scala 1:9000, vale a dire che 1 cm equivale a 90 m.

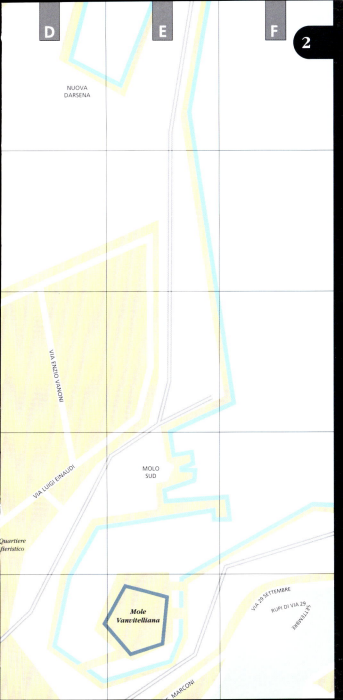

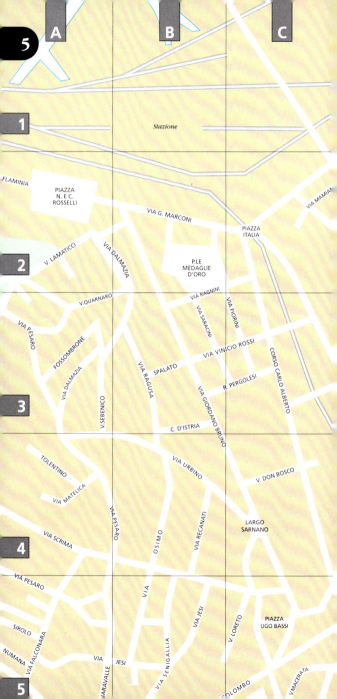

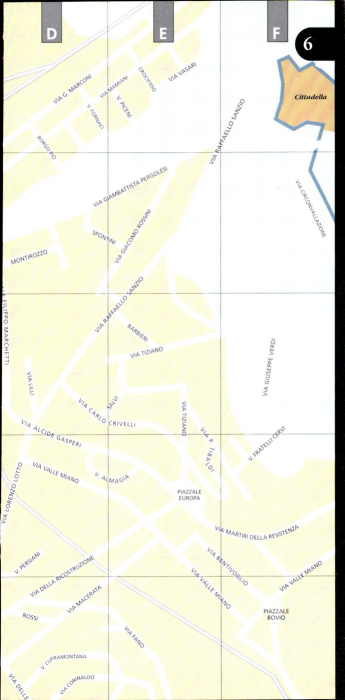

INDICE DELLO STRADARIO

A

Adalto, Via	**3** B 5
Alighieri, P.zza Dante	**4** D 3
Almagia, Via	**6** D-E 4
Amendola, C.so Giovanni	**8** F 2
Anfiteatro, P.zza	**4** D 2
Angelini, Via Francesco	**8** E 5
Aranci, Via degli	**3** C 4
Armi, P.zza d'	**5** C 5
Ascoli Piceno, Via	**5** A-B 5
Astagno, Via	**3** A-B 5/**7** A 1

B

Baccarini, Via	**8** D 4
Bagno, Via	**3** B 5
Barbieri, Via	**6** E 3
Bassi, P.zza Ugo	**5** C 5
Beccheria, Via	**3** C 4
Belvedere, L.go	**4** D-E 4
Bentivoglio, Via	**6** E-F 4-5
Bernabei, Via	**3** C 4
Bevilacqua, L.go	**8** D 2
Bezzecca, Via	**7** B 2-3
Birarelli, Via Giuseppe	**4** D-E 2-3
Bocconi, Via Alessandro	**7** A-B 5
Bonda, Via	**3** C 4
Borgo Pio, Via	**6** D 1-2
Bovio, P.le	**6** F 5
Bramante, Via	**7** B-C 3-4
Bruno, Via Giordano	**5** B-C 3-4
Buonarroti, Via Michelangelo	**7** A-B 4

C

Cadorna, Via	**8** F 2-3
Calatafimi, Via	**8** D 1
Canale, Via	**7** B 3
Capodistria, Via	**5** B 3
Cappelli, L.go	**8** E 1-2
Cardeto, Via	**4** E 5
Carducci, Via	**4** D 5
Carlo Alberto, C.so	**5** C 2-3-4
Castelfidardo, Via	**4** D 5/**8** D 1
Cavour, P.zza	**8** D 1
Chiaravalle, Via	**5** A 5
Cialdini, Via Enrico	**3** A 5
Cingoli, Via	**6** D-E 5
Circonvallazione, Via	**6** F 2/**7** A-B-C 3
Cittadella, Via della	**7** A 1
Colombo, V.le Cristoforo	**5** B-C 5
Corinaldo, Via	**6** D 5
Crivelli, Via Carlo	**6** D-E 3
Crocifisso, Via del	**6** E 1
Cupa, Via La	**7** C 2
Cupramontana, Via	**6** D 5
Curiel, L.go	**8** E 1
Curtatone, Via	**7** C 1-2

D

Dalmazia, Via	**5** A-B 2-3
De Bosis, Via	**8** F 3
Dellaloggia, Via	**3** C 4
Di Biagio, Via	**4** D 4
Diaz, P.zza Armando	**8** F 3
Dogana, L.go	**3** C 3-4
Don Bosco, Via	**5** C 4
Don Minzoni, P.zza	**8** F 2
Duomo, P.zza del	**4** D 2

E

Einaudi, Via Luigi	**1** C 4-5/**2** D 4
Erbe, P.zza delle	**4** D 5
Europa, P.le	**6** E 4

F

Falconara, Via	**5** A 5
Fano, Via	**6** D-E 5
Fanti, Via	**4** D 4
Faro, Via del	**4** D-E 3-4
Fazioli, Via Michele	**8** E-F 2
Ferretti, Via	**4** D 3
Fiorini, Via	**5** C 3
Flaminia, Via	**5** A 2
Fontana, P.zza	**7** C 4/**8** D 4
Fornaci, Via	**6** D 1
Fortunato, Via Giustino	**1** C 3/**2** D 4
Foschi, Via	**3** C 3-4
Fossombrone, Via	**5** A 3
Fratelli Cervi, Via	**6** F 3-4
Frediani, Via	**8** E 2

G

Garibaldi, C.so Giuseppe	**3** C 4-5
Gasperi, Via Alcide	**6** D-E 3-4
Gentiloni, Via Vincenzo	**8** D 5
Gervasoni, Via Giovanni	**7** B-C 5
Giangiacomi, Via	**4** D 4
Giannelli, Via Antonio	**8** D-E 2
Gioia, Via	**3** C 5
Giovanni da Chio, Banchina	**3** A 3-4
Giovanni XXIII, Via	**4** D 2
Goito, Via	**4** D-E 5
Gramsci, Via	**3** C 4
Grazie, Via delle	**6** D 5
Guasco, Via del	**4** E 2
Gugliano, Via A.	**6** E 5

I

Indipendenza, Via	**4** E 5
Isonzo, Via	**8** E-F 3-4
Italia, P.zza	**5** C 2

J

Jesi, Via	**5** A-B 5

K

Kennedy, P.zza John Fitzgerald	**3** B 4

L

Lamaticci, Via	**5** A 2
Lavoro, Via del	**1** C 4
Leopardi, Via	**3** C 5

Libertà, P.le	**7** A-B 4	
Lilli, Via	**6** D 3	
Loreto, Via	**5** C 4-5	
Lotto, Via Lorenzo	**6** D 4	

M

Macerata, Via	**5** C 5/**6** D-E 4-5
Malatesta, P.le	**4** D-E 5
Mamiani, Via	**2** E 5/**5** C 2/**6** D-E 1-2
Marchetti, V.le Filippo	**6** D 2-3
Marconi, Via Guglielmo	**2** E 5/**5** B-C 2/**6** D-E 1
Marini, Via	**7** B-C 4
Marsala, Via	**4** D 5/**7** C 1
Marsigliani, Via	**8** F 5
Martelli, P.le	**4** E 5
Martiri della Resistenza, Via	**6** E-F 4/**7** A 4
Matas, Via	**4** D 4
Matelica, Via	**5** A 4
Mattei, Via Enrico	**1** A-B 4-5
Matteotti, Via Giacomo	**4** D 5
Mazzini, C.so Giuseppe	**3** C 4-5/**4** D 5
Medaglie d'Oro, P.le	**5** B 2
Menicucci, Via	**7** C 1
Monte Marino, Via	**7** A 5
Montebello, Via	**7** C 1-2
Montello, Via	**8** D 3
Montenero, Via	**8** F 2
Montessori, Via	**8** D 4
Montirozzo, Via	**6** D 2

N

Nappi, Scalone	**4** D 2
Novelli, Via	**7** B-C 1-2
Numana, Via	**5** A 5
Nuova Darsena	**2** D-E 1

O

Oberdan, Via	**3** C 5/**7** C 1
Orefici, Via	**3** C 4
Orsi, Via	**8** E-F 2
Orsini, Via	**4** D 4
Osimo, Via	**5** B 4-5
Oslavia, Via	**8** D 2-3
Ospizio, Via	**4** D-E 3
8 Marzo, Via	**7** C 5

P

Palestro, Via	**3** C 5/**7** C 1/**8** D 1-2
Papis, Vicolo	**3** B 5
Pergolesi, Via Giambattista	**6** D-E 2
Pergolesi, Via Raffaele	**5** B-C 3
Persiani, Via	**6** D 4
Pesaro, Via	**5** A-B 3-4-5
Pescheria, Via della	**3** C 4-5
Piave, Via	**8** D-E 1-2-3
Piceni, Via	**6** E 1
Pietralacroce, Strada Vecchia di	**8** E 5
Pio II, Via	**4** D 2
Pizzecolli, Via	**3** C 4/**4** D 3
Plebiscito, P.zza	**3** C 4
Podesti, Via Francesco	**3** A-B 5/**7** A 1

Q

Quarnaro, Via	**5** A 3

R

Ragnini, Via	**5** B-C 2-3
Ragusa, Via	**5** B 3
Recanati, Via	**5** B 4
Redipuglia, Via	**7** C 2
Regina, Vicolo della	**7** A 1
Ricostruzione, Via della	**6** D-E 4-5
Risorgimento, Galleria	**7** C 3
Rizzo, Molo	**3** B 3
Rodi, Via	**8** E-F 4
Roma, P.zza	**3** C 5
Rosselli, P.zza Nello e Carlo	**5** A 2
Rossi, Via Lauro	**6** D 5
Rossi, Via Vinicio	**5** B-C 3
Rossini, Via Giacomo	**6** E 2
Rovereto, Via	**8** E 3-4
Rupi di Via 29 Settembre, Via	**2** F 5

S

Sabotino, Via	**8** F 4
Sacconi, Via	**8** D 5
Saffi, Via	**3** C 3
Salvi, Via	**6** E 3
San Cataldo, Via	**4** D 4
San Cosma, Via	**4** D 5/**8** D 1
San Costanzo, Via	**7** B 2-3
San Francesco, P.zza	**4** D 3-4
San Gaetano, Via	**4** D 4
San Marcellino, Via	**7** B-C 3
San Marco, Vicolo	**3** A-B 4-5
San Martino, Via	**7** C 1/**8** D 2
San Pietro, Via	**4** D 4
San Spiridione, Via	**3** B 5
Santa Maria, Molo	**3** B-C 3
Santa Maria, P.zza	**3** C 4
Santo Stefano, Via	**7** B 2-3
Sanzio, Via Raffaello	**6** D-E-F 1-2-3
Saracini, Via	**5** B 3
Sarnano, L.go	**5** C 4
Sauro, Banchina Nazario	**3** C 2
Scandali, Via Duilio	**7** C 3-4
Scosciacavalli, Via	**4** D 4
Scrima, Via	**5** A-B 5
Sebenico, Via	**5** A 3
Senato, P.zza del	**4** D 2
Senigallia, Via	**5** B 5
Serpe, Via	**4** D 3
Simeoni, Via	**7** C 2
Sirolo, Via	**5** A 5
Solitario, Vicolo del	**4** D-E 4

Spalato, Via	**5** B 3	
Spontini, Via	**6** D-E 2	
Stamira, C.so	**3** B-C 4-5	
Stamira, P.zza	**7** C 1	
Stelluto, Via	**4** D 4	
Stracca, P.zza	**4** D 3	
Sud, Molo	**2** E 4	

T

Tibaldi, Via Pellegrino **6** E-F 3-4
Tiziano, Via **6** E 3-4
Tolentino, Via **5** A 4
Torrioni, Via **3** B-C 5/**7** A-B-C 1
Tre Cantoni, Via **8** E 1
Trento, Via **8** E-F 3
Tribunali, Via **4** D 3
Trieste, Via **8** F 3-4

U

Urbino, Via **5** B-C 4

V

Valle Miano, Via **6** D-E-F 4-5/**7** A 4
Vanoni, Via Ezio **2** D 3-4
Vanvitelli, Via Luigi **4** D 2
Vasari, Via **6** E 1
Vecchini, Via **8** D 2
25 Aprile, Via **7** C 4-5
29 Settembre, Via **2** F 5/**3** A-B 4-5
24 Maggio, L.go **8** E 2
Verdi, Via Giuseppe **6** F 3
Villarey, Via **4** E 5
Vittoria, V.le della **8** E-F 2-3
Vittorio Emanuele II, Scalo **3** B 4
Vittorio Veneto, Via **7** C 2-3
Volturno, Via **8** E 1

Z

Zappata, Via **4** D 5
Zona industriale, Lungomare della **1** A-B-C 3

TRASPORTI E INFORMAZIONI UTILI

COME ARRIVARE

In aereo
L'aeroporto internazionale "Raffaello Sanzio" si trova a Falconara Marittima, ed è collegato da un servizio ferroviario dalla stazione di Castelferretti diretto ad Ancona. È possibile raggiungere la città e altre destinazioni della provincia anche con i mezzi della Conero Bus. I biglietti sono in vendita presso l'edicola all'interno del padiglione Partenze. L'aeroporto è direttamente collegato con un viadotto alle autostrade per Roma, Milano e Bari. Sempre all'interno dell'aeroporto, è possibile noleggiare un'auto o prendere un taxi a tariffe concordate.

Aeroporto "Raffaello Sanzio"
Piazzale Sordoni 1, Falconara Marittima.
- 071 282 71 (centralino).
- 071 282 72 33 (biglietteria).
- 071 282 72 96 (Lost and Found).
- www.ancona-airport.com

Compagnie noleggio auto
Autoeuropa 071 915 70 10.
Avis 071 522 22.
Europcar 071 203 100.
Hertz 071 207 37 98.
Maggiore 071 918 88 05.
Sixt 800 900 666.

Servizio taxi aeroporto
Corsa aeroporto-stazione ferroviaria Falconara 12,24 euro.
Corsa aeroporto-stazione ferroviaria Ancona 27,53 euro.
Corsa aeroporto-Ancona centro 32,63 euro.

In auto
Ancona è raggiungibile dall'autostrada A14 Bologna-Canosa alle uscite Senigallia, Ancona nord, Ancona sud, Loreto. In alternativa, si può percorrere la parallela statale 16 Adriatica. Arrivando dall'interno, la direttrice più scorrevole è la statale 76 della Val d'Esino, che collega Ancona a Fabriano e poi con l'Umbria. Fino alla Gola della Rossa, la statale 76 è a quattro corsie. Per informazioni, situazione traffico e lavori in corso, www.autostrade.it
ACI 803 116 (numero verde).
ACI Ancona Corso Stamira 80.
- 071 553 35.
- FAX 071 207 67 32.

In treno
Ancona si trova sulle linee ferroviarie Milano-Lecce e Roma-Ancona. I centri minori sono raggiungibili attraverso un capillare sistema di autocorriere.
Stazione centrale
Piazza Rosselli 1.
- 848 880 88 (informazioni).
- 071 422 50 (biglietteria telefonica).
Polizia ferroviaria 071 434 04.
Oggetti rinvenuti 071 592 32 76.
- www.trenitalia.com

In pullman
Si può raggiungere la città in pullman da Milano, Bologna, Lecce, Roma, Napoli e da diversi altri capoluoghi. Per informazioni e orari su tutte le linee italiane con destinazione Ancona, assai dettagliato è il sito www.ibus.it

COME MUOVERSI

In auto
Muoversi in automobile non è consigliato e nemmeno molto agevole, a causa dell'intenso traffico delle ore di punta e delle molte aree pedonali o a traffico limitato. È possibile entrare nel centro storico in auto se si risiede in un albergo sito all'interno della zona a traffico limitato (ZTL). Dopo le 8 di sera e la domenica è possibile invece accedere quasi ovunque, a esclusione delle zone pedonali. La città dispone di diversi parcheggi custoditi, non costosi (circa 1 euro l'ora all'aperto e 1,50 l'ora al coperto), da cui è possibile prendere una delle navette per il centro o per altre destinazioni.

Informazioni su mobilità e parcheggi
- 071 280 27 65 – 071 222 43 43.

Parcheggio degli Archi
Via Mariani 3. 071 203 748.
- lun-sab 7-21.
Costo: 2 euro (comprensivi di una corsa A/R in autobus).
Parcheggio Cialdini (zona centro)
Via Cialdini 2. 071 206 419.
- lun-sab 7-21.
Parcheggio Stamina (zona centro)
Piazza Pertini 1. 071 206 511.
- lun-sab 7-21.
Parcheggio Traiano (zona porto)
Via XXIX Settembre 2.

📞 071 203 834.
🕐 lun-sab 7-21.

In taxi
Di seguito i parcheggi taxi in città:
Stazione ferroviaria
Piazza Rosselli.
📞 071 433 21.
Ancona centro
Piazza Roma.
📞 071 202 895.
Zona Torrette
Via Conca.
📞 071 889 487.
Zona Piano
Corso Carlo Alberto.
📞 071 281 04 47.

In bus
Il biglietto orario per la rete urbana di Ancona costa 1 euro, 1,80 euro per l'andata e ritorno e 3 euro per un biglietto giornaliero valido sul territorio urbano. È possibile acquistarlo a bordo dal conducente, al costo di 1,50 euro. Alcune linee di autobus sono anche extraurbane e permettono di raggiungere facilmente anche il Conero, Falconara, Jesi e tutte le altre destinazioni della provincia di Ancona.
Per informazioni e orari:
Conero Bus
Via Bocconi 35.
📞 071 280 2092.
📞 800 218 820 (numero verde).
FAX 071 280 20 95.
🌐 www.conerobus.it
✉ info@conero.bus.it

In traghetto
Ancona è il crocevia di traghetti e taxiboat per e dalle principali destinazioni estere dell'Adriatico: Croazia, Grecia, Montenegro. Il porto turistico è a tutti gli effetti parte integrante della città e vale la curiosità di una visita.

Porto turistico di Ancona
Via Mattei 42.
📞 071 548 00.
I.A.T. stagionale porto di Ancona
📞 071 207 90 29.

Principali compagnie marittime
Anek Lines Italia
Via XXIX Settembre.
📞 071 207 03 11 – 071 207 23 46.

Maritime Agency
Lungomare Vanvitelli.
📞 071 567 93 – 071 204 915.
Minoan Lines
Via Astagno. 📞 071 201 708.
FAX 071 201 933.
🌐 www.minoan.it
Superfast Ferries
Via XXIX Settembre.
📞 071 207 02 40.
FAX 071 200 885.

SERVIZI TURISTICI

A.P.T.
(Azienda di Promozione Turistica)
Via Thaon De Revel 4.
📞 071 358 991 – 071 589 929.
I.A.T.
(Informazioni e Accoglienza Turistica)
Stazione marittima.
📞 071 201 183
(anche per prenotazioni on line).
Servizio turismo e attività ricettiva
Via Gentile da Fabriano 9.
📞 071 806 22 84 – 071 806 21 54.
🌐 www.le-marche.com
Associazione guide turistiche Ancona
📞 071 280 11 61.
🌐 www.anconaguide.com
✉ info@anconaguide.com

UFFICI POSTALI

Ancona città
Piazza XXIV Maggio 2.
🕐 lun-ven 8-18.30, sab 8-13.

SOS

Carabinieri 📞 112.
Carabinieri – Comando regionale
📞 071 205 844.
Emergenza sanitaria 📞 118.
Guardia di Finanza 📞 071 227 21.
Guardia forestale 📞 071 2810.
Polizia di frontiera marittima
📞 071 227 471.
Polizia municipale
📞 071 222 22 22.
Polizia stradale 📞 071 227 591.
Prefettura 📞 071 228 21.
Questura 📞 071 228 81.
Vigili del Fuoco 📞 115.
Vigili del Fuoco – Comando provinciale 📞 071 280 801.

TRASPORTI E INFORMAZIONI UTILI

Altri sportelli
🕒 lun-sab 8-13.
Via Marconi 58.
Via Croce 12/14.
Via Monte Vettore 40.
Via Maratta 39.
Via del Pinocchio 56.
Via delle Brecce Bianche 63.
Via Scataglini 6.

FARMACIE

Adriatica Viale Trieste 1. 📞 071 204 252.
Ambrosini Via delle Brecce Bianche 68.
📞 071 286 12 22.
Centrale Corso Mazzini 1. 📞 071 202 746.
Collemarino Piazza Galilei 3.
📞 071 882 210.
Del Passetto Viale della Vittoria 6.
📞 071 323 66.
Del Pinocchio Via Pontelungo 20.
📞 071 280 23 55.
Della Ferrovia Via Marconi 213.
📞 071 449 37.
Delle Grazie Via Torresi 135.
📞 071 898 332.
Orologio Piazza Roma 8.
📞 071 207 48 01.

PRONTO SOCCORSO – OSPEDALI

Umberto I
Via Conca, Torrette di Ancona.
📞 071 596 45 25.
Largo Cappelli.
📞 071 596 40 93.
Ospedale pediatrico "Gaspare Salesi"
Via Corridoni.
📞 071 596 20 01.

CINEMA

Azzurro Via Tagliamento 39.
📞 071 331 46.
Coppi Via Lotto 1. 📞 071 281 02 66.
Dorico Via Grazie 108.
📞 071 890 290.
Galleria Via Giannelli 2. 📞 071 566 33.
Mr. Oz (3 sale) Via Damiano Chiesa 30.
📞 071 358 03 95.
Multisala Goldoni (6 sale)
Via Montebello 3.
📞 071 201 236.
Palarossini
Via Passovarano 2.
📞 071 201 236.

TEATRI

Teatro delle Muse
Piazza della Repubblica 1.
📞 071 525 25.
Teatro Italia
Corso Carlo Alberto 73.
📞 071 281 02 62.
Teatro Sperimentale
Via Redipuglia 59. 📞 071 543 90.

INTERNET

🌐 www.comune.ancona.it
Si chiama Ankonaonline ed è il sito del Comune della città dorica. Numerose sono le informazioni e gli indirizzi che si possono recuperare: dagli orari dei bus agli itinerari storici e gastronomici, dalla ricettività agli eventi culturali in tempo reale. Una sezione è dedicata ai link delle mappe interattive della città.

🌐 www.anconafun.com
Un sito interamente dedicato al divertimento e alla vita notturna di Ancona e provincia. Sono segnalati i pub, le discoteche e i bar della città e della Riviera. Uno spazio è dedicato agli eventi e agli spettacoli teatrali. C'è anche un blog in cui gli stessi utenti possono aggiungere direttamente locali o appuntamenti non ancora segnalati.

🌐 www.conero.it
Il portale, sempre aggiornato, offre una panoramica su tutto quello che c'è da sapere sulla Riviera del Conero. Appuntamenti, indirizzi, curiosità, le attività del Parco del Conero, notizie sulla gastronomia locale. Il sito offre anche un servizio di ricerca su tutti gli hotel divisi per categoria con la possibilità di prenotare on line attraverso un servizio di free-fax. Sul sito anche un virtual tour e una vasta photogallery.

🌐 www.marchenet.it
Tutto quello che occorre sapere sulla tradizione gastronomica delle Marche, provincia per provincia: ricette tipiche, produttori e venditori di prelibatezze locali, enoglossario, forum di discussione e consigli alimentari per i più piccoli. Vengono inoltre presentati itinerari turistici con una selezione di ristoranti, enoteche e gastronomie.

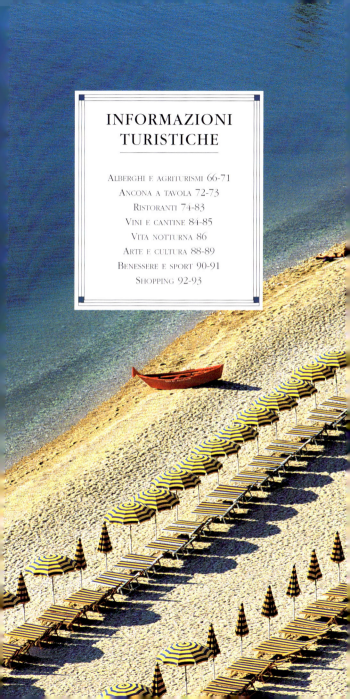

INFORMAZIONI TURISTICHE

Alberghi e agriturismi 66-71
Ancona a tavola 72-73
Ristoranti 74-83
Vini e cantine 84-85
Vita notturna 86
Arte e cultura 88-89
Benessere e sport 90-91
Shopping 92-93

ALBERGHI E AGRITURISMI

Ancona

Grand Hotel Passetto
Via Thaon De Revel 4.
📞 071 313 07.
🌐 www.hotelpassetto.it
@ info@hotelpassetto.it
● mai. 🟰 📺 🛏 P ♿
Camere: 43.
Costo: €€€€
Probabilmente l'hotel più esclusivo e raffinato della città. Vicino al centro e affacciato sul mare, offre tutte le comodità di un grande albergo, ideale per una vacanza o un viaggio d'affari.

Hotel City
Via Matteotti 112.
📞 071 207 09 49.
FAX 071 207 03 72.
🌐 www.hotelcityancona.it
@ info@hotelcityancona.it
● mai. 🟰 📺 🛏 🍴
Camere: 39.
Costo: €€
Centralissimo, accogliente e accurato nell'offerta. Il piccolo bar è aperto tutto il giorno, anche per preparare la colazione.

Hotel Fortuna
Piazza Fratelli Rosselli 15.
📞 071 426 63.
FAX 071 426 62.
🌐 www.hotelfortuna.it
@ info@hotelfortuna.it
● mai.
🟰 📺 P 🍴 ♿
Camere: 56.
Costo: €€
Grazioso albergo situato di fronte alla stazione ferroviaria e vicino al centro. Alla reception i visitatori vengono accolti da personale che parla cinque diverse lingue.

Hotel Roma e Pace
Via Leopardi 1.
📞 071 202 007.
FAX 071 207 47 36.
🌐 www.hotelromaepace.it
@ info@hotelromaepace.it
● mai. 🟰 📺 🍴 ♿
Camere: 56.
Costo: €€

L'hotel, con saloni affrescati da Giuseppe Cherubini, è elegantemente arredato, vicino alla stazione marittima e al Teatro delle Muse. Dotato di lavanderia, servizio in camera e sala mostre. Garage convenzionato nelle vicinanze.

Agriturismo Conero
Frazione Poggio 127.
📞 071 213 98 26.
● mai. 🛏 P
Camere: 6.
Costo: €
Appena fuori Ancona, immerso in 40 ettari di vigne e ulivi. L'ospitalità agrituristica convive con l'azienda agricola. Le camere sono semplici, ma accoglienti.

Dintorni

Arcevia
(67 km da ANCONA)

Agriturismo La Cantina di Bacco
Frazione Ripalta 90.
📞 0731 981 167.
🌐 www.lacantinadibacco.it
@ lacantinadibacco@tin.it
● mai. 🛏 🍴 P
Camere: 3.
Costo: €
Un immenso parco attrezzato per i bambini e la possibilità di acquistare marmellate di fattoria e pane fatto in casa. Un luogo di tranquillità assoluta, ideale per una vacanza lontano dal quotidiano.

Corinaldo
(53 km da ANCONA)

Hotel Il Giglio
Via del Corso 8.
📞 071 797 63 24.
FAX 071 797 63 25.
🌐 www.hotelilgiglio.it
@ info@hotelilgiglio.it
● mai.
🟰 📺 P 🍴 ♿
Camere: 48.
Costo: €
Nel centro della cittadina, e attigua al Santuario di Santa Maria Goretti, la struttura è stata ricavata da un monastero agostiniano del XVIII secolo.

◀ Una spiaggia nei pressi di Ancona

INFORMAZIONI TURISTICHE

FABRIANO
(70 km da ANCONA)

Hotel Collegio Gentile
Via Cavour 106.
📞 0732 219 65.
FAX 0732 626 850.
🌐 www.hotelcollegiogentile.com
✉ info@hotelcollegiogentile.com
⬤ mai.
🛏 🍴 🅿 🍽 ♿
Camere: 50.
Costo: €

A pochi minuti a piedi dal centro storico cittadino, la struttura dell'attuale hotel fu in origine un monastero di suore benedettine. Passando direttamente dall'interno, si può raggiungere la graziosa Chiesa dei Fratelli della Misericordia. Colazione a buffet.

Agriturismo La casa di campagna
Via Bassano 32.
📞 0732 626 519.
⬤ mai.
🍴 🛏 🅿
Camere: 6.
Costo: €

Immerso nel verde e nella tranquillità, circondato da querce secolari e alberi da frutta. Dispone di una sala lettura e le camere sono attrezzate per preparare pasti e colazioni.

JESI
(30 km da ANCONA)

Hotel e Dipendenza Federico II
Via Ancona 100.
📞 0731 211 079.
FAX 0731 572 21.
🌐 www.hotelfederico2.it
✉ info@hotelfederico2.it
⬤ mai.
🛏 🍴 🅿 🍽 ♿
Camere: 124 + 6 appartamenti.
Costo: €€€€

Un hotel di lusso arredato con gusto e con molti comfort, tra i quali una piscina coperta e una palestra. Può essere un'occasione di relax o un luogo in cui organizzare incontri di lavoro.

Agriturismo Ripabianca
Via Ripa Bianca 7.
📞 0731 616 042.
FAX 0731 607 085.
🌐 www.ripabianca.com
✉ info@ripabianca.com
⬤ mai. 🛏 🍴 🅿 🍽 ♿
Camere: 9.
Costo: €

Deliziosa casa colonica tipica della campagna marchigiana, a gestione familiare. Menù-degustazione a prezzi fissi, accompagnati da un'ottima selezione di vini locali.

LORETO
(25 km da ANCONA)

Hotel Blu
Via Villa Costantina.
📞 071 978 501 – 071 976 439.
🌐 www.hotelbluloreto.it
✉ info@hotelbluloreto.it
⬤ mai. 🛏 🍴 🅿 🍽
Camere: 23.
Costo: €

Lo stile è moderno e ricercato. Nel ristorante, aperto anche a chi non è ospite dell'hotel, si servono ottimi antipasti e piatti di pesce preparati secondo la tradizione marchigiana.

Hotel Giardinetto
Corso Boccalini 10.
📞 071 977 135.
🌐 www.hotelgiardinetto.it
⬤ mai. 🍴 🛏 🅿 🍽
Camere: 68.
Costo: €

Situato lungo le antiche mura della città, l'hotel è circondato da un giardino molto ben tenuto e propone un'atmosfera decisamente sobria e cordiale.

LE TARIFFE indicate si riferiscono a una camera doppia standard per una notte, inclusi servizio, prima colazione e tasse:

€ 50-90 euro
€€ 90-130 euro
€€€ 130-170 euro
€€€€ oltre 170 euro

MARCELLI
(22 km da ANCONA)

Hotel Club Santa Cristiana
Via Loreto 1.
📞 071 739 41.
FAX 071 739 07 89.
🌐 www.clubsantacristiana.it
✉ info@clubsantacristiana.it
● ott-mag.
Camere: 188.
Costo: €€

Un vero e proprio club vacanze, con attrezzature sportive di ogni genere, una grande piscina, animatori esperti e disponibili per corsi, stage di ginnastica e danza, giochi e intrattenimento per adulti e bambini. Di fronte al mare e con spiaggia dedicata, è l'ideale per una vacanze all'insegna del totale relax. All'interno, discoteca, punti shopping, wellness center, kids room.

NUMANA
(20 km da ANCONA)

Hotel Alessandra
Via Risorgimento 11.
📞 071 933 07 39.
FAX 071 736 08 33.
🌐 www.hotelalessandra.it
✉ info@hotelalessandra.it
● ott-apr.
Camere: 17.
Costo: €

L'hotel Alessandra si trova in una posizione tranquilla, a pochi metri dal mare e dalla spiaggia di Numana. I proprietari gestiscono personalmente anche la cucina del ristorante, offrendo tutti i giorni specialità di pesce e ricche colazioni a buffet. Si tratta di uno dei primi hotel della riviera, aperto nel 1969 dal nonno dell'attuale proprietario. Dotato di una piccola piscina circondata da un invidiabile palmeto e da un giardino ben curato e particolarmente allegro.

Hotel Giardino
Via Circonvallazione 19.
📞 071 933 10 81.
✉ info@hotelgiardino.com
● mai.
Camere: 41.
Costo: €

Un pulmino accompagna gli ospiti alla spiaggia privata dell'hotel. Viene offerto un servizio bici e uno sconto per accedere al Conero Golf Club.

Hotel K2
Via Ischia 31.
📞 e FAX 071 739 01 24.
✉ info@hotelk2.com
● nove-mag.
Camere: 40.
Costo: €

Un ambiente rilassante e confortevole, in una posizione tranquilla, lontano dalle strade a maggior intensità di traffico ma vicino al centro del paese. Le camere sono dotate di tutti i comfort, compreso l'isolamento acustico e i doppi vetri. L'hotel dispone di un parcheggio custodito e ombrellone e sdraio in spiaggia. Una delle piscine è dotata di idromassaggio. Nel ristorante si possono richiedere menù specifici per bambini di tutte le età, per i quali sono previsti sconti e specifiche promozioni.

Hotel Scogliera
Via del Golfo 21.
📞 071 933 06 22.
FAX 071 933 14 03.
🌐 www.hotelscogliera.it
✉ info@hotelscogliera.it
● mai.
Camere: 36.
Costo: €€

La struttura domina la scogliera di Numana e quasi tutte le camere hanno la vista sul mare. La cucina offre ottimi piatti a base di pesce fresco. Due piscine con acqua di mare, una delle quali per bambini.

Agriturismo Le Grange del Conero
Via Marina II 31.
📞 071 739 10 41.
✉ cristinagioacchini@libero.it
● nov-Pasqua.
Camere: 11.
Costo: €

INFORMAZIONI TURISTICHE

Dalle finestre dell'agriturismo, recentemente ristrutturato, si vedono il monte Conero, il mare e Loreto. Offre la possibilità di praticare sport equestri ed è dotato di una trattoria con cucina casalinga.

Bed & Breakfast Le Margherite
Via Circonvallazione 31.
📞 *071 736 08 55.*
📠 *071 736 08 07.*
🌐 www.lemargheritenumana.com
@ info@lemargheritenumana.com
● ott-mag. 🅿 🍴
Camere: 3.
Costo: €€
In un'elegante villa padronale a due passi dal centro di Numana, offre colazioni biologiche con torte fatte in casa e frutta di stagione sotto un magnifico pergolato di gelsomini.

OSIMO
(15 km da ANCONA)

Hotel Cristoforo Colombo
Via SS 16 400 (km 310).
📞 *071 710 89.*
📠 *071 710 89 94.*
🌐 www.cristoforo-colombo.com
@ info@cristoforo-colombo.com
● mai.
🍽 📶 🅿 🍴 ♿
Camere: 32.
Costo: €€
Splendida villa ristrutturata, circondata da un grande parco. La struttura offre il piacere di una vacanza ma anche tutte le comodità per chi viaggia per affari, prima fra tutte un'elegante e attrezzatissima sala convegni. Il ristorante, aperto anche a chi non alloggia in hotel, propone specialità gastronomiche tradizionali allettanti. Le camere sono confortevoli e arredate con sobrietà e gusto.

Hotel Palace del Conero
Via Grandi 6.
📞 *071 710 83 12.*
📠 *071 710 87 44.*
@ info@hpconero.it
● dom.
🍽 📶 🅿 🍴 ♿

Camere: 50.
Costo: €
Calore e cordialità sono le caratteristiche dell'hotel, da cui è facile raggiungere il complesso di Aspio Terme. Cucina casalinga e genuina.

PORTONOVO
(15 km da ANCONA)

Hotel Emilia
Via Portonovo 149.
📞 *071 801 145.*
📠 *071 801 330.*
🌐 www.hotelemilia.com
@ info@hotelemilia.com
● ott-mag.
🍽 📶 🛏 🅿 🍴 ♿
Camere: 30.
Costo: €€
Si trova proprio all'interno del Parco Regionale del Conero e gode di una splendida vista. La gestione è familiare e la cucina rigorosamente casalinga: attinge a piene mani dall'orto dell'hotel e da produttori locali.

Hotel Excelsior La Fonte
Via Poggio 160.
📞 *071 801 450 – 801 470.*
📠 *071 801 474.*
🌐 www.excelsiorlafonte.it
@ info@excelsiorlafonte.it
● mai.
🍽 📶 🛏 🅿 🍴
Camere: 33.
Costo: €€€€
A disposizione delle clientela, oltre a un moderno centro congressi, è presente un ben attrezzato impianto sportivo che offre la possibilità di fare massaggi. Gli chef preparano degustazioni gastronomiche di ottimo livello.

LE TARIFFE indicate si riferiscono a una camera doppia standard per una notte, inclusi servizio, prima colazione e tasse:

€ 50-90 euro
€€ 90-130 euro
€€€ 130-170 euro
€€€€ oltre 170 euro

ALBERGHI E AGRITURISMI

Hotel Fortino Napoleonico
Via Poggio 166.
071 801 450.
FAX 071 801 454.
www.hotelfortino.it
info@hotelfortino.it
mai.
Camere: 33.
Costo: €€€€
Il nome stesso suggerisce l'illustre artefice dello storico edificio che oggi è un hotel elegante e raffinato. Dalle camere vista mare si possono ammirare gli scogli delle "Due Sorelle". Si cena in grandi sale con caminetti.

Hotel Internazionale
Contrada Portonovo.
071 801 001 – 801 082.
FAX 071 801 454.
www.hotel-internazionale.com
info@hotel-internazionale.com
mai.
Camere: 30.
Costo: €€
Piccolo ed accogliente, questo hotel realizzato nella struttura in pietra del vecchio Rifugio Internazionale della Gioventù si affaccia sul mare e domina l'intera Baia di Portonovo. Propone un ristorante con cucina marchigiana e pesce sempre freschissimo, accompagnato da verdure dell'orto. Il buffet delle colazioni comprende anche dolci fatti in casa, come crostate alla frutta e ciambelle con zucchero a velo.

Agriturismo Accipicchia
Via Campana 146,
Collina di Portonovo.
071 213 90 69.
www.agriturismoaccipicchia.it
info@agriturismoaccipicchia.it
gen.
Camere: 7.
Costo: €
Antica casa colonica ristrutturata con ampie camere doppie complete di ogni comfort. Immerso nel verde, l'agriturismo propone soggiorni all'insegna del relax e della buona cucina tipica marchigiana a base di paste fatte in casa, di carni alla griglia preparate spesso secondo tradizione contadina assieme a verdure di stagione e dell'orto. La fattoria produce vino rosso, olio extravergine, confetture di frutta e affumicati di carne.

La Carpinella
Frazione Poggio 158.
071 801 300.
www.lacarpinella.it
info@lacarpinella.it
nov-mar.
Camere: 5.
Costo: €€
Si trova a pochi passi dal mare ed è una villa immersa nel bosco. Questo B&B propone camere doppie con ingresso indipendente e una colazione a base di marmellate e torte fatte in casa, succhi di frutta, yogurt e frutte fresche di stagione. A disposizione degli ospiti anche alcune mountain bike e canoe singole e doppie.

La Torre del Poggio
Frazione Poggio 78.
071 801 347.
nov-mar.
Camere: 3.
Costo: €€
In pieno Parco del Conero e con vista panoramica sulla Baia di Portonovo, questo B&B è ambientato in una abitazione risalente alla fine dell'Ottocento. Le camere sono arredate con gusto e nel rispetto dello stile locale, la colazione è servita a buffet anche nel giardino di casa, all'ombra di alberi da frutto. Ciambelle e crostate casalinghe vengono accompagnate da uno squisito miele del Conero, nonché da ciliegie, more, albicocche e prugne appena colte.

SENIGALLIA
(30 km da ANCONA)

Hotel International
Lungomare Mameli 44.
0731 879 430.
www.hinternational.it
ott-mag.
solo ristorante.
Camere: 72.
Costo: €
Una struttura a misura di bambino con appositi menù, minicinema serale e animazione qualificata in spiaggia

e in hotel. Dotato di un grande centro benessere e di spiaggia privata.

Hotel Metropol
Lungomare Da Vinci 11.
📞 0731 879 430.
🌐 www.hotelmetropolsenigallia.it
✉ info@hotelmetropolsenigallia.it
● fine set-fine mag. 📧 🗂 🛏 🅿 🍽
Camere: 62.
Costo: €€
A soli 20 m dalla spiaggia e nei pressi del centro storico. Vasca idromassaggio e zona benessere. Sconti per famiglie. Non sono accettate Diners e American Express.

SIROLO
(18 km da ANCONA)

Hotel Monteconero
Via Monteconero 26.
📞 071 933 05 92.
📠 071 933 03 65.
🌐 www.hotelmonteconero.it
✉ info@hotelmonteconero.it
● nov-mar (escluso Capodanno).
📧 🗂 🛏 🅿 🍽
Camere: 58.
Costo: €€€
Lo splendido edificio che ospita l'hotel è un'ex abbazia camaldolese. Buone le specialità di pesce servite al ristorante. Facilitazioni per chi vuole frequentare il Golf Club di Sirolo.

Hotel Sirolo
Via Grilli 46.
📞 071 933 06 65.
🌐 www.hotelsirolo.it
✉ info@hotelsirolo.it
● nov-mar. 📧 🗂 🛏 🅿 🍽 ♿
Camere: 31.
Costo: €€€
È considerato uno degli hotel più eleganti e a elevato standard ecologico della zona. Colazioni con prodotti biologici, autonoleggio interno, vicino alla piazzetta storica di Sirolo.

Country House L'Antico Mulino
Via Molini II 7.
📞 071 933 02 65.
🌐 www.lanticomulino.it
✉ info@lanticomulino.it
● mai. 📧 🗂 🛏 🅿 🍽 ♿
Camere: 10.
Costo: €€
Una vecchia macina fa capolino e accoglie gli ospiti di questo agriturismo di ottimo livello. È situato a pochi passi dal parco archeologico "I Pini".

Country House Villa Clelia
Via Val Castagno 5/a.
📞 071 920 68 02.
🌐 www.villa-clelia.it
● mai. 📧 🗂 🅿
Camere: 7.
Costo: €
Ogni stanza, arredata con gusto, prende il nome del suo colore dominante: Arancio, Blu, Senape e così via. Ricca colazione a buffet, atmosfera rilassante e cordiale.

Locanda San Rocco
Via Torrione 1.
📞 e 📠 071 933 05 58.
🌐 www.locandarocco.it
✉ info@locandarocco.it
● mai. 📧 🗂 🛏 🅿 🍽 ♿
Camere: 7.
Costo: €€
Locanda dal sapore antico e dai comfort moderni, partner della catena di hotel rispettosi dell'ambiente. Immerso in un parco e dotato di un fresco cortile, all'ombra di alberi centenari ma vicino alle spiaggette più belle di Sirolo. Chi preferisce invece immergersi nella natura del Parco del Conero può soggiornare a "Rocco in campagna", struttura gestita dagli stessi proprietari, con 9 camere a disposizione degli ospiti. Le colazioni caserecce sono servite in un roseto.

LE TARIFFE indicate si riferiscono a una camera doppia standard per una notte, inclusi servizio, prima colazione e tasse:

€ 50-90 euro
€€ 90-130 euro
€€€ 130-170 euro
€€€€ oltre 170 euro

ANCONA A TAVOLA

I tradizionali e gustosi vincisgrassi

La cucina della provincia di Ancona, e in generale quella marchigiana, è stata per lungo tempo ritenuta "minore". Oggi viene riscoperta dai gastronomi e dagli amanti della buona tavola, e le si riconosce anche un certo ruolo di *trait d'union* tra le culture culinarie del Nord e del Sud Italia. Capace persino di accostare prodotti di mare e di terra, la tradizionale tavola anconetana riassume in sé molti caratteri dell'enogastronomia regionale.

LA CUCINA DELL'ENTROTERRA

I piatti più importanti sono a base di carne (maiale in testa), sapientemente accostati a tipicità dell'orto come il carciofo violetto precoce di Jesi, le olive, i funghi, i tartufi e legumi come la fava di Ostra e la cicerchia di Serra de' Conti. Un primo piatto che è quasi un simbolo regionale è quello dei **vincisgrassi**, saporite lasagne al forno dalla sfoglia sottile. Alcuni ne fanno derivare il nome dal generale austriaco Windsch Graetz, che nel 1799 cinse d'assedio Ancona e attribuì la paternità di quella prelibatezza al suo cuoco personale. L'originale variazione delle più celebri lasagne è in realtà di provenienza maceratese e si presenta come un ricco pasticcio che vede protagonisti besciamella e ragù di carne, pomodoro e rigaglie di pollo. Tra i secondi piatti, una specialità da gustare è il celebre **arrosto "alla ghiotta"**, che si cuoce su uno spiedo sotto il quale viene posto un recipiente colmo di vino rosso, aceto, fette di limone, salvia e olive nere. Le gocce di grasso che colano nel contenitore sprigionano un aroma che profuma intensamente le carni. Altre pietanze tipiche sono il **pollo** e il **coniglio in porchetta**, insaporiti con finocchio selvatico. Tra i **salumi** degno di nota è il **ciauscolo**, tipico delle zone interne di Ancona, Ascoli Piceno e Macerata, che è un salame morbido e fresco da spalmare, il cui nome deriva da quello dialettale del budello in cui viene insaccato. La ricetta tradizionale prevede un impasto di pancetta, costata e spalla di maiale, aglio e vino cotto. Una volta preparato, viene lasciato leggermente affumicare anche con bacche di ginepro. Il pregiato **salame di Fabriano** viene invece stagionato per due o tre mesi e preparato con carni magre suine finemente tritate, con l'aggiunta di cubetti di pancetta. Infine i dolci, i quali rientrano in una tradizione che ha fatto della semplicità e del richiamo alla cucina "povera" il proprio vanto. Insieme al **ciambellone** e alla **ciambella all'anice**, meritano di essere segnalati le **beccute**, a base di farina di mais con pinoli, uvetta sultanina, fichi secchi e mandorle pelate, e il **bostrengo**, dolce di origine contadina soprannominato "pulisci-credenza" e dunque umilmente composto da farine di grano e granoturco, fichi secchi tritati, riso, uvetta, gherigli di noci, pane raffermo bollito e scorzetta di arancia grattugiata.

Ciambellone

Il prelibato salame di Fabriano

Il noto ciauscolo, salame da spalmare

LA CUCINA DEL MARE

Un vero pranzo di mare, affermano gli anconetani, non può che iniziare dal classico **brodetto**. Sul noto piatto, interpretazione locale delle zuppe di pesce tipiche di molte altre zone d'Italia, esiste una diatriba secolare, che vede Ancona e altre città della costa adriatica marchigiana contendersi l'originalità di una ricetta che è l'essenza stessa della cucina di mare. Quella in uso nella città dorica prevede fino a tredici varietà tra molluschi, crostacei, pesce di scoglio e di mare aperto, cotte su una base di cipolla, pomodoro, prezzemolo e aceto. Tra le altre specialità di primo piano, assai diffuso e apprezzato è lo **stoccafisso all'anconetana**, la cui ricetta con patate, pomodori, acciughe, vino bianco ed erbe aromatiche

è tutelata da un'apposita Accademia. Infine, imperdibili sono anche le cannocchie all'olio e limone, le sarde in teglia con scalogno, l'orata alla salsa d'acciuga e uovo, le triglie al prosciutto.

I VINI

Due i luoghi Doc in cui si produce il vino dorico: oltre al Monte Conero, terra del noto e omonimo **Rosso**, le colline di Jesi tengono alto il vessillo vinicolo della regione. Da qui proviene il **Verdicchio** dei Castelli di Jesi, bianco, fruttato e profumatissimo, che si sposa alla perfezione con i piatti a base di pesce e crostacei. Della provincia di Ancona è anche il raro **Lacrima di Morro d'Alba**, la cui prima traccia storica risale al periodo dell'assedio di Ancona da parte di Federico Barbarossa, che scelse proprio le mura di Morro d'Alba come base logistica e militare. Gli abitanti del paese furono costretti a cedere all'imperatore le cose più buone e prelibate, tra le quali un "succo d'uva" che oggi vanta una sua Doc. La zona di produzione di questo rosso singolare è stata col tempo estesa anche a comuni limitrofi come Belvedere Ostrense, Monte San Vito, Ostra, San Marcello e Senigallia.

Verdicchio di Jesi

IL BRODETTO ALL'ANCONETANA

Fondamentale è l'utilizzo di molte qualità di pesce: sgombri e triglie, rombi e cefali, spigolette e cicale, merluzzetti e frutti di mare. Per la preparazione, occorre versare in un'ampia casseruola abbondante olio d'oliva per soffriggere della cipolla tagliata sottile. Aggiungere quindi un battuto di aglio e prezzemolo e pomodori pelati e spezzettati, aceto, sale e pepe. Adagiato il pesce a strati nella casseruola, lasciando per ultime le qualità più tenere, dopo aver aggiunto in parti uguali acqua calda e vino bianco secco, cuocere senza coperchio a fuoco basso per 15 minuti. È importante non toccare mai il pesce con mestoli o cucchiai, ma agitare con energia la casseruola di tanto in tanto. A cottura ultimata, servire disponendo alcune fette di pane abbrustolito in una zuppiera e ricoprendole completamente di brodetto. È un piatto unico che può essere accompagnato da vini bianchi e rossi, rigorosamente locali.

RISTORANTI

La tradizione gastronomica anconetana e del suo entroterra alterna proposte della tipica cucina di mare con quelle più schiettamente di terra che caratterizzano molta parte della regione. Perciò si passa dal classico e celebre brodetto ai rinomati vincisgrassi, dallo stoccafisso all'anconetana ai pregiati salumi come il ciauscolo e il salame di Fabriano. Il tutto, naturalmente, accompagnato dal superbo Rosso Conero e dal piacevolissimo Verdicchio di Jesi.

ANCONA

Al Rosso Agontano
Via Marconi 3.
█ 071 207 52 79.
FAX 071 540 50.
● sab a pranzo e dom.
C/Credito: sì.
Costo: €€€
Gastronomia ricercata, con fantasiose variazioni alla cucina tradizionale e materie prime freschissime e di qualità. Un locale sobrio ed elegante, frequentato dai gourmet locali.

Boccon di Vino
Via Matteotti 13.
█ 071 572 69.
● lun.
C/Credito: sì.
Costo: €€
Il locale è in posizione centrale e con uno spazio riparato all'aperto dove si mangia durante la bella stagione. Vengono proposti piatti di mare, antipasti di pesce, ma anche molte portate di carne, secondo ricette di tradizione dell'entroterra.

Bristol
Via degli Orefici 14.
█ 071 206 885.
● mai.
C/Credito: sì.
Costo: €€€
Pesce freschissimo preparato secondo tradizione: stoccafisso, brodetto e mitili ma anche un'ampia scelta di antipasti e primi piatti. Buona la selezione di vini locali.

Carloni
Via Flaminia 247.
█ 071 888 239.
● lun.
C/Credito: sì.
Costo: €€€
Ristorante frequentato anche da molti avventori locali. Si servono primi piatti espressi, pasta e pesce freschissimi; il servizio è ottimo e i gestori sono molto cordiali. Si consiglia la prenotazione.

Da Mizzio
Via Flaminia 365.
█ 071 888 36.
● gio.
C/Credito: no.
Costo: €
Pesce sempre freschissimo e preparato in modo superbo, ma non sofisticato. Non di rado, servito rusticamente nei padelloni in cui è cucinato. Squisite anche le tagliatelle allo scoglio, l'arrosto di mare e la frittura.

Degli Angeli
Via Angeli di Varano 226/c.
█ 071 804 60 43.
● ven.
C/Credito: sì.
Costo: €€
Cucina classica regionale, ospitalità e uno splendido giardino esterno sono le caratteristiche del locale. Ma la peculiarità sta nell'utilizzo del forno a legna, in cui vengono cucinati pesci e verdure al cartoccio e persino diversi primi piatti. Comodo parcheggio.

El Vigolo
Via delle Fonti 1.
█ 071 526 62.
● dom.
C/Credito: no.
Costo: €€
Per chi desidera un posto tranquillo e molto alla mano. Al Vigolo sono tutti amici, e per quanti sono curiosi di sentire un po' di vernacolo anconetano

INFORMAZIONI TURISTICHE

rappresenta il posto giusto. Ottimo menù di pesce anche a pranzo e prezzi molto modici, vino della casa e grande simpatia.

Gino
Piazza Rosselli 26.
071 433 10.
dom.
C/Credito: sì.
Costo: €
Offre un ambiente semplice per una cucina ottima, costituita soprattutto da piatti regionali. Porzioni generose e gestori affabili e simpatici. Molto frequentato dagli anconetani; si consiglia la prenotazione.

Girasole punto macrobiotico
Via Fazioli 24.
071 557 66.
dom.
C/Credito: no.
Costo: €
Un luogo dove scoprire come le specialità locali possano essere rielaborate con verdure, legumi e cereali biologici e freschissimi, secondo i dettami della cucina macrobiotica. Rilassante e ideale per una pausa pranzo o un pasto nutriente ma leggero.

Graspo d'uva
Via Valenti 2.
071 286 71 52.
lun.
C/Credito: sì.
Costo: €
Cucina tradizionale marchigiana, pizzeria con forno a legna ma anche specialità messicane. Un'insolita contaminazione di sapori e profumi che riesce a raggiungere eccellenti risultati. Il tutto in un'atmosfera familiare e casalinga. È consigliabile la prenotazione.

Il Cardeto
Via Cardeto 8/10.
071 207 46 64.
dom.
C/Credito: sì.
Costo: €€€
Una serie di piatti dalla raffinata preparazione sono la caratteristica di questo ristorante. Tutti gli ingredienti utilizzati in cucina (e il pesce in particolare) sono sempre freschissimi. I piatti proposti realizzano l'incontro tra una cucina di tradizione e la creatività dello chef.

Il Forte dei Pirati
Piazza Forte Scrima 13.
071 428 02.
dom.
C/Credito: sì.
Costo: €€
Ristorante e pizzeria con un menù molto ampio in entrambi i casi. È collocato, come suggerisce il nome, in un vecchio forte. L'ambiente è molto cordiale e familiare.

La Barca sul Tetto
Banchina Giovanni da Chio.
071 551 98.
mart.
C/Credito: sì.
Costo: €€€
Si tratta di un locale particolarmente curioso, che si trova all'interno del porto ed è frequentato sia da lavoratori marittimi sia da gourmet alla ricerca di piatti ben cucinati a base di pesce. L'ambiente è semplice, ma il servizio è decisamente buono. Varia la scelta di amari e grappe.

La Luna d'Inverno
Via Trieste 5.
071 202 622.
da mag. a sett.
C/Credito: sì.
Costo: €€
Il ristorante si trova nel centro storico,

I PREZZI indicati si riferiscono a un pasto per una persona, compresi mezza bottiglia di vino della casa, tasse, coperto e servizio:

€ fino a 20 euro
€€ 20-30 euro
€€€ 30-40 euro
€€€€ oltre 40 euro

RISTORANTI

nei pressi di piazza Diaz. La gestione
è familiare e propone sopratutto piatti
di pesce, frutti di mare e specialità come
lo stoccafisso all'anconetana.

La Moretta
Piazza del Plebiscito 52.
📞 071 202 317.
🌐 www.trattorialamoretta.it
🍽 dom.
C/Credito: sì.
Costo: €€€
Le specialità di questo famoso ristorante
sono quelle della tradizione marchigiana
e vengono tutte realizzate con grande
cura: brodetto, risotto di mare atomizzato
e stoccafisso i piatti più richiesti.
Buona la selezione di vini.
Terrazza panoramica riparata dove
è possibile pranzare in ogni stagione.

La Terrazza
Molo Santa Maria, stazione marittima.
📞 071 542 15.
🍽 mai.
C/Credito: sì.
Costo: €€
Pare che, 20 anni fa, i gestori di questo
ristorante abbiano lanciato per primi la
specialità della "ciavatta", un particolare
formato di pasta condita e insaporita
dai frutti di mare. L'ampio locale consente
anche di pranzare nella bella terrazza,
dalla quale si possono ammirare viste
sul duomo e sul porto. Allo stoccafisso,
al rombo con le verdure e a tutte le altre
specialità di terra e di mare si possono
abbinare ben 150 diverse etichette di vini.

La Vecchia Osteria
Via Battisti 10/c.
📞 071 200 445.
🌐 www.lavecchiaosteria.com
🍽 dom e lun sera.
Costo: €
A dispetto del nome, si tratta di un
ristorante a tutti gli effetti, che propone
buone specialità a prezzi contenuti. Sono
a disposizione dei clienti menù alla carta
o tematici a prezzo fisso, sovente a base
di totani e pesce azzurro. Per le cotture
viene usato solo olio extravergine
d'oliva. Anche tavoli all'aperto.

Mangiare bere
uomo donna
Via della Loggia 5.
📞 071 524 37.
🌐 www.mangiarebereuomodonna.it
🍽 tutti i giorni a pranzo.
C/Credito: sì.
Costo: €€€
Omonimo del celebre film di Ang Lee, è un
ristorante con cucina tipica marchigiana
ma anche pizzeria. È in un singolare stile
"techno-orientale", ambientato in uno
splendido palazzo d'epoca nei pressi
del Teatro delle Muse. Aperto tutte le sere
fino all'una di notte. Ampia scelta di vini
regionali. Curiosa la pizza wok, con
verdure saltate nella pentola cinese.

Opera Nova della Marca
Via Varano 127.
📞 071 286 10 93.
🌐 www.operanovadellamarca.it
✉ info@operanovadellamarca.it
🍽 dom sera.
C/Credito: no.
Costo: €€
Cena vicino al caminetto e grandi vetrate
da cui si vede il giardino, dove si può
cenare con la bella stagione. Un locale
particolarmente ricco di charme che
privilegia i piatti dell'entroterra: salumi
e formaggi serviti su taglieri, ampia scelta
di carni e contorni, pasta e dolci
di produzione propria e quotidiana.

Osteria del Pozzo
Via Bonda 2.
📞 071 207 39 96.
🍽 dom.
C/Credito: sì.
Costo: €
Con il giallo delle pareti e il blu
delle tovaglie, è un locale allegro e pieno
di calore, recentemente rinnovato ma
aperto dal 1950. Specialità di pesce, in
particolare fritture, brodetto e stoccafisso
a cena su prenotazione. Ottimo anche
per pranzi di lavoro, dove è importante
un servizio rapido ma ben curato.

Osteria Teatro Strabacco
Via Oberdan 2/2a.
📞 071 567 48.

INFORMAZIONI TURISTICHE

🌐 www.strabacco.it
⬤ mai.
C/Credito: sì.
Costo: €€
Un ristorante ma anche un'enoteca, da anni ritrovo dei nottambuli della città. Offre una serie di menù stagionali da abbinare a una carta dei vini che supera le 300 etichette. Locale caratteristico e molto frequentato. Meglio prenotare.

Passetto
Piazza IV novembre 1.
☎ 071 332 14.
⬤ dom sera e lun.
C/Credito: sì.
Costo: €€€€
Storico ristorante con tutte le carte in regola: posizione panoramica, elegante e con un menù ricco e diversificato, che spazia dalla cucina internazionale a quella regionale. Leggeri e fragranti i fritti, ottimo il sugo con la spigola, proposto solo quando è disponibile pesce appena pescato.

Pizzeria Giardino
Via Filzi 2.
☎ 071 207 46 60.
⬤ ven.
C/Credito: sì.
Costo: €
Non propone soltanto pizze ma anche primi e secondi, che vengono serviti in un locale simpatico nato in un quartiere pittoresco ma poco noto della città. Ottime le crescie con il ciauscolo, per un pranzo veloce ma appetitoso. Dispone di una veranda, che viene aperta nella bella stagione.

Sot'aj Archi
Via Marconi 93.
☎ 071 202 441.
FAX 071 207 73 93. ⬤ dom.
C/Credito: sì.
Costo: €€€
È una trattoria piuttosto piccola ma arredata con gusto, dove regna un'atmosfera rilassante e raffinata. Il pesce cucinato è solo quello pescato in giornata. Ottime le fritture. Prenotazione indispensabile.

Tarlo Ardito
Via Piantate Lunghe 83.
☎ 071 804 039.
⬤ mart.
C/Credito: no.
Costo: €€
Un altro buon indirizzo per una cena fuori porta, in campagna, con menù rustici e un buon rapporto tra prezzo e qualità del servizio.

Trattoria dell'Antiquariato
Via Flaminia 69.
☎ 071 214 12 86.
⬤ dom.
C/Credito: sì.
Costo: €€
A pochi passi dal porto, offre gestione familiare e piatti saporiti. Non solo cucina anconetana ma regionale, soprattutto a base di pesce. Locale molto confortevole.

Trattoria La Botte
Via Tavernelle 14.
☎ 071 853 25.
⬤ lun.
C/Credito: sì.
Costo: €
Ampio locale gestito in modo familiare, con un personale particolarmente cordiale. Oltre ai piatti di pesce si possono gustare pizze e dessert, che sono la vera specialità della casa. Dopo le 22, su primi piatti e pizze si applica uno sconto del 50%.

Trattoria La Cantinetta
Via Gramsci 1/c.
☎ 071 201 107.
⬤ lun.
C/Credito: sì.
Costo: €€

I PREZZI indicati si riferiscono a un pasto per una persona, compresi mezza bottiglia di vino della casa, tasse, coperto e servizio:

€ fino a 20 euro
€€ 20-30 euro
€€€ 30-40 euro
€€€€ oltre 40 euro

Ricavata all'interno di un'antica cantina, a metà strada tra il porto e il centro. La specialità della trattoria è lo stocco, ossia lo stoccafisso all'anconetana che viene preparato con patate e profumate erbe selvatiche. Ottime anche le tagliatelle col sugo di tonno. Immancabile, a fine pasto, l'assaggio del "turchetto", caffè con rum e scorza di limone. Frequentato soprattutto dagli anconetani.

Trattoria Sardella
Via Trave 105.
● 071 898 218.
● mer.
C/Credito: sì.
Costo: €€

Pasta fresca e gestione familiare rendono il pranzo un'esperienza piacevole. Locale di medie dimensioni e con un parcheggio comodo. Olio e spezie rigorosamente locali.

Trattoria 13 cannelle
Corso Mazzini 108.
● 071 206 012.
● dom.
Costo: €€

Il nome richiama sia la varietà di pesce che occorrono per il brodetto (numerose e ricche), sia le cannelle della vicina fontana del Calamo. Locale elegante ma semplice, che spesso ospita eventi di Ancona Jazz.

Villa Romana
Strada del Castellano 81.
● 071 280 14 09.
● mart.
C/Credito: sì.
Costo: €€

Si trova lungo la strada per Portonovo, in collina e a 3 km dal centro. La cucina è decisamente tipica e casalinga, gustosa e realizzata con buoni ingredienti di base.

DINTORNI

FABRIANO
(70 km da ANCONA)

Osteria da Fortino
Piazza dei Partigiani 10.
● 0732 244 55.
FAX 0732 227 785.
● sab a pranzo e dom.
C/Credito: sì.
Costo: €€€

Nel centro storico della cittadina, propone un vario menù dell'entroterra. Vengono organizzate serate con uno specifico tema gastronomico. Ambiente rustico e ospitale, il giovedì sera musica dal vivo. Meglio prenotare.

FALCONARA
(9 km da ANCONA)

Osteria Antiche Voglie
Via Umbria 10.
● 071 918 48 01.
● mart.
C/Credito: sì.
Costo: €€

Il locale privilegia la cucina dell'entroterra con una vasta gamma di salumi al tagliere ma anche di carni: in particolare, lepre in potacchio, cinghiale e salsiccia. Ampia è la scelta degli antipasti e delle verdure di stagione. Su richiesta, stocco e polenta.

GENGA
(60 km da ANCONA)

Trattoria Piccolo Ristoro
Frazione Pianello 16.
● 0732 973 042.
● mai.
C/Credito: sì.
Costo: €

Si trova nelle vicinanze dell'ingresso alle Grotte di frasassi. Ottimo rapporto qualità prezzo. Specialità della casa sono i primi di pappardelle al cinghiale e di ravioli ai funghi porcini. Accoglienza gradevole e familiare.

JESI
(30 km da ANCONA)

Forno Ercoli
Piazza Nuova 8.
● 0731 569 60.
● lun.
C/Credito: no.
Costo: €

Trattoria-enoteca con una buona scelta di bianchi e di rossi della zona, frequentato soprattutto da locali. Cucina semplice e genuina, atmosfera familiare e calorosa.

INFORMAZIONI TURISTICHE

Tana Libera Tutti
Piazza Pontelli 1.
📞 0731 592 37.
⬤ dom.
C/Credito: no.
Costo: €€
Un locale simpatico del centro, frequentato soprattutto da avventori giovani. Si può pranzare all'aperto e la sera si può ascoltare musica dal vivo. Cucina di mare secondo la tradizione marchigiana, buoni i risotti.

LORETO
(25 km da ANCONA)

Andreina
Via Buffolareccia 14.
📞 071 971 24.
🌐 www.ristoranteandreina.it
⬤ mart.
C/Credito: sì.
Costo: €€€
Cacciagione e carni sono la vera attrattiva del locale: tordi, allodole, quaglie, fagiani e cinghiali vengono impreziositi da frutta di stagione in salsa, erbe aromatiche e tartufo di Acqualagna. Viene proposto anche un raffinato menù vegetariano.

Vecchia Fattoria
Via Manzoni 19.
📞 071 978 976.
⬤ lun.
C/Credito: sì.
Costo: €€€
Situato in una fattoria degli inizi del secolo scorso, propone pietanze semplici: poche portate, ma preparate con cura e utilizzando ampiamente verdure fresche ed erbe locali. Molto cordiali e affabili i gestori.

MARCELLI
(22 km da ANCONA)

Moby Dick
Via Ancona 45.
📞 071 739 00 51.
⬤ mai in estate, mer e gio in inverno.
Costo: €
Locale ampio con oltre 100 coperti, offre piatti caratteristici della cucina marchigiana, di pesce e di carne, ma anche pizza cotta nel forno a legna. A pochi passi dalla spiaggia di Marcelli.

NUMANA
(20 km da ANCONA)

Corallo
Via Litoranea 1.
📞 071 933 02 79.
⬤ ott-mag.
C/Credito: no.
Costo: €
Particolarmente varia la scelta delle portate di pesce calde e fredde proposte da questo locale, benché si tratti del ristorante di uno stabilimento balneare. La sera e fino a notte fonda è anche pizzeria con forno a legna.

Costarella
Via IV novembre 35.
📞 071 736 02 97.
⬤ mart (solo in inverno).
C/Credito: sì.
Costo: €€€€
Una cucina davvero raffinata e creativa, che sa mescolare con equilibrio i sapori di terra e di mare. Un esempio è la coda di rospo alla pancetta, oppure i fiori di zucca con le vongole. Pregiata la carta dei vini.

Da Vincenzo
Via Roma 13.
📞 071 933 09 99.
⬤ mart (solo in inverno).
C/Credito: sì.
Costo: €€
La specialità del ristorante sono indubbiamente gli scampi, preparati con perizia nei modi più vari: alla griglia, in umido o nei condimenti tipici dei primi piatti. Si trova nel centro storico del paese. Vi si trovano anche tavoli all'aperto.

I PREZZI indicati si riferiscono a un pasto per una persona, compresi mezza bottiglia di vino della casa, tasse, coperto e servizio:

€ fino a 20 euro
€€ 20-30 euro
€€€ 30-40 euro
€€€€ oltre 40 euro

Il Saraghino
Via Litoranea 209, Marcelli di Numana.
🕿 *071 739 15 96.*
🔴 lun.
C/Credito: sì.
Costo: €€€

Cinque differenti tipi di pane fragrante della casa accompagnano ogni giorno le proposte gastronomiche di questo locale moderno e lussuoso.
Propone una cucina raffinata, della quale sono da segnalare il baccalà mantecato con tortino di ceci e il tortello ripieno di razza, patate e zafferano. Dolci al cucchiaio molto buoni.

OSIMO
(15 km da ANCONA)

La Cantinetta del Conero
S.S. Adriatica 400 (km 310).
🕿 *071 710 86 51.*
🔴 sab a pranzo e dom sera.
C/Credito: sì.
Costo: €€€

Ampio locale, ideale anche per gruppi numerosi. Offre anche una scelta di menù a prezzo fisso. Piatti di carne e di pesce, da assaggiare le tagliatelle fresche all'astice.

PORTONOVO
(15 km da ANCONA)

Da Rina
Poggio di Ancona.
🕿 *333 873 82 28.*
🔴 nov-feb.
C/Credito: no.
Costo: €€

È affacciato sul magnifico belvedere tra mare e monte, immerso nel contesto del Parco del Conero. Qui si possono gustare la piadina marchigiana o altre stuzzicanti specialità di una cucina veloce, ma gustosa. Il vino del Conero accompagna immancabilmente ghiotti arrostini di maiale e verdure di stagione.

Emilia da Marisa
Baia di Portonovo.
🕿 *071 801 109.*
🔴 ott-mar.
C/Credito: sì.
Costo: €€

Il ristorante nasce nel 1929, su un terrazzo che domina uno dei tratti più suggestivi della Baia di Portonovo. Marisa, figlia di Emilia, ancora oggi propone piatti a base di pesce freschissimo proveniente dalla piccola pesca locale, tra i quali spiccano gli spaghetti coi moscioli. Le portate sono accompagnate da una buona scelta di vini locali e nazionali. Per i più golosi non mancano i dolci fatti in casa. Il ristorante dispone di spiaggia privata, bar, gazebo e giardino, dove si gustano snack durante il giorno e aperitivi al tramonto.

Fortino Napoleonico
Via Poggio 166.
🕿 *071 801 450.*
🌐 www.hotelfortino.it
🔴 mai.
C/Credito: sì.
Costo: €€

Ristorante dell'omonimo hotel, altrettanto raffinato ed elegante. Audaci ma riuscitissimi gli abbinamenti di piatti come le lenticchie con le cozze o le ostriche coi funghi. Anche i piatti di pesce più tradizionali sono cucinati con grande cura.

Giacchetti
Via Portonovo 171.
🕿 *071 801 384.*
📠 *071 213 90 22.*
🔴 lun (giu-ago sempre aperto).
C/Credito: sì.
Costo: €€€

Dal 1959 i proprietari propongono una cucina dai sapori tradizionali, seguendo ricette tipiche della zona rielaborate in chiave moderna. Ambienti accoglienti, terrazza panoramica in spiaggia dove si gustano primi piatti con pasta fatta a mano, raguse in porchetta, guazzetto di pesce misto e frutti di mare, oltre al mosciolo selvatico di Portonovo. Cantina con oltre 250 etichette. Parcheggio e spiaggia privata, attrezzata con ombrelloni, lettini, docce e spogliatoi.

Il Clandestino Sushi Bar
Baia di Portonovo.
🕿 *071 801 422.*
🔴 nov-feb.
C/Credito: sì.
Costo: €€

INFORMAZIONI TURISTICHE

Situato nel versante destro della baia, all'ombra della Torre De Bosis, è un piccolo tempio sul mare delle tapas e del sushi mediterraneo. Pesce crudo, marinato, poco cotto e con condimenti e profumi della cucina italiana. Offre anche colazioni con una mousse di cappuccino, pranzo con insalate di pesce spada, merende con toast al salmone, provola affumicata e zucchine. Cena con menù degustazione o alla carta e dopocena di rum e sigari.

Il Laghetto
Baia di Portonovo.
C 071 801 183.
● 1 mag-15 gen.
C/Credito: sì.
Costo: €€

Varia la selezione di antipasti caldi e freddi, buoni gli spaghetti alle cozze e la frittura di mare. Il pesce bianco viene valorizzato e cucinato in molti modi, dal classico olio e limone fino alle aromatizzazioni con erbe e con intingoli gustosi.

Il Molo
Spiaggia di Portonovo.
C 071 801 040.
FAX 071 801 440.
@ ilmolo@libero.it
● mai (in estate).
C/Credito: no.
Costo: €€

Il locale è gestito in un'atmosfera simpatica e distesa. Le specialità del cuoco sono i Cappelli Latini alle cozze di Portonovo, un primo piatto preparato esclusivamente con mitili della baia. Si possono gustare anche ottime tagliatelline ai frutti di mare, grigliate miste di pesce e fritture.

La Capannina
Baia di Portonovo.
C 071 801 121.
● nov-apr.
C/Credito: sì.
Costo: €€

Ottimo pesce cucinato secondo tradizione, ma anche creative rivisitazioni esotiche accompagnate da un'ampia scelta di vini locali e nazionali, da gustare seduti sulla grande terrazza affacciata sul mare. Pizza cotta nel forno a legna.
Il ristorante offre un parcheggio riservato ai clienti e una spiaggia attrezzata con ombrelloni realizzati con foglie di palma. È possibile anche noleggiare gommoni, pedalò e canoe.
Scuola di windsurf.

Osteria del Poggio
Poggio di Ancona.
C 071 213 90 18.
● gen.
C/Credito: sì.
Costo: €€

Un tempo era la casa dei nonni di Edoardo, oggi gestore di questa locanda aperta fin dal 1922. Propone l'antica cucina di un tempo, basata su vecchie ricette della nonna, a cominciare dalle paste fatte in casa e dai piatti della tradizione marchigiana. Nella vecchia grotta dove si appendevano i salumi è stata realizzata una piccola enoteca dove si possono degustare e acquistare i migliori vini delle cantine della zona.

Pesci Fuor d'Acqua
Piazzetta di Portonovo.
C 071 213 90 19.
● gen.
C/Credito: sì.
Costo: €€

Ristorante e pizzeria affacciato sulla piazzetta di Portonovo. Ampio giardino dove si mangia a pranzo e a cena e vengono serviti sfiziosi aperitivi. Cucina a base di pesce, che tuttavia non esclude antipasti, primi e secondi di carne.

I PREZZI indicati si riferiscono a un pasto per una persona, compresi mezza bottiglia di vino della casa, tasse, coperto e servizio:

€ fino a 20 euro
€€ 20-30 euro
€€€ 30-40 euro
€€€€ oltre 40 euro

RISTORANTI

Trattoria Da Anna
Baia di Portonovo.
☎ 071 801 343.
● ott-apr.
C/Credito: sì.
Costo: €€
Un casottino celeste sul mare che può ospitare 50 coperti all'interno e trenta all'esterno. Si possono gustare i moscioli alla tarantina pescati sulla baia e molte altre specialità di pesce.

Trattoria Mafalda
Poggio di Ancona.
☎ 071 213 90 24 –
071 801 286 – 801 386.
● fine giu-inizio lug, mer e gio sera.
C/Credito: no.
Costo: €€
Si trova a circa 4 km dal mare, immersa nel verde del Parco del Conero. Piatti di terra e di mare, da ricette creative e della tradizione. Le specialità sono i primi di tagliatelle, gnocchi, strigoli e lasagne fatti a mano, ma anche le grigliate di carne, l'agnello alle bacche di ginepro cotto in padella, grigliate miste di pesce e fritture di paranza dell'Adriatico.

SENIGALLIA
(30 km da ANCONA)

La Madonnina del Pescatore
Lungomare Italia 11.
☎ 071 698 484.
● lun.
C/Credito: sì.
Costo: €€€€
Arredato con gusto, questo ristorante propone prelibati menù degustazione che si caratterizzano per fantasia di esecuzione e numero di portate. Delicata la tempura di capesante e i calamari, ottima la spigola con purea di patate al tartufo nero.

Marinero
Via Lungomare 54.
☎ 071 698 462.
● mart.
C/Credito: sì.
Costo: €€€
Pranzi serviti su una bella terrazza di fronte alla spiaggia. La stessa splendida vista si gode dalla sala panoramica interna. Pasta fatta in casa, pesce freschissimo e un'ampia scelta di dessert. Meglio prenotare.

Ristorante Pomodoro
Lungomare Da Vinci 69/A.
☎ 071 609 34.
● lun.
Costo: €€
Sul lungomare sud, locale molto ampio che riesce però a conservare un sapore familiare e casalingo. I piatti proposti sono semplici, ma ben preparati. Insalate di mare, passatelli, vongole dell'Adriatico, penne alla vodka, spaghetti del pescatore, ma anche sardoncini scottadito e olive all'ascolana. Da assaggiare la panna cotta.

Uliassi
Banchina Levante.
☎ 071 654 63.
FAX 071 659 327.
● lun (ago sempre aperto).
C/Credito: sì.
Costo: €€€€
In questo raffinato ristorante ogni piatto è cucinato e presentato ad arte, tramite particolari tecniche di cottura. Da provare le tagliatelle di seppia alla carbonara, il tonno "topinambur" con marmellata di mele, la schiacciata di patate con baccalà e il croccante di triglie e finocchi. Eccellente la carta dei vini.

SIROLO
(18 km da ANCONA)

Arturo
Spiaggia Urbani.
☎ 071 933 22 69.
● sab e dom (solo in inverno).
C/Credito: no.
Costo: €
Posto ideale per un primo di pesce fresco a pranzo, si affaccia su una delle spiagge più note di Sirolo. La sera si trasforma in un luogo di ritrovo in cui ascoltare musica gustando guazzetti e grigliate.

Da Giustina
Via Cave 1.
☎ 071 933 08 02.
● mart (solo in inverno).

INFORMAZIONI TURISTICHE

C/Credito: no.
Costo: €€
Noto per la "chitarrina alla Giustina", una pasta fresca ai frutti di mare, e per la spigola al cartoccio. È situato su una strada panoramica fuori del centro abitato, non ha tavoli all'aperto ma le grandi vetrate offrono d'estate una splendida vista sui campi di grano con il mare all'orizzonte.

Da Silvio ai Capanni
Spiaggia dei Sassi Neri.
◉ mai nella stagione estiva.
C/Credito: no.
Costo: €€€
Una posizione incantevole, con tavoli apparecchiati su piccoli spiazzi naturali a picco sul mare. Locale elegante con ampia scelta di piatti a base di pesce. Ottimi i mitili e gli antipasti. I vini bianchi sono locali. La sera, cena a lume di candela.

Della Rosa
Corso Italia 39.
☎ 071 933 06 89.
🅦 www.ristorantedellarosa.it
@ info@ristorantedellarosa.it
◉ lun.
C/Credito: no.
Costo: €
Cucina tradizionale e genuina, con fritti e soffritti preparati esclusivamente con olio extravergine d'oliva. Si può mangiare una pizza cotta nel forno a legna e condita con una buona mozzarella di bufala campana. Vale la pena assaggiare le tagliatelle all'astice della casa.

Merlin Cocai
Via Monte Conero 26.
☎ 071 933 05 92.
◉ nov-mar.
C/Credito: sì.
Costo: €€€
In cima al Monte Conero, è situato all'interno di una suggestiva ex abbazia camaldolese, dove si trova anche l'hotel. Offre piatti raffinati ma fedelmente eseguiti secondo la tradizione. Ampia scelta di salumi e formaggi di qualità.

Trattoria Conerello
Via Cave 16.
☎ 071 933 08 02.
◉ mart (solo in inverno).
C/Credito: no.
Costo: €€
Con un pergolato e un piccolo spazio alberato dove possono giocare i bambini. Si preparano delle tagliatelle eccellenti, sia per i condimenti sia per la sfoglia, fatta a mano in giornata. Buone anche le carni, in particolare il coniglio.

VINI E CANTINE

Alle pendici del monte Conero, i terreni calcarei e un microclima ravvivato dalle brezze marine esaltano le caratteristiche delle uve Montepulciano e Sangiovese che vengono coltivate in questo territorio. Se ne ricava, così, il Rosso Conero, un vino Doc fruttato ed elegante per il quale è stata da tempo istituita la Strada del Rosso Conero, lungo la quale si possono scoprire piccole vigne che fanno di ogni Rosso Conero un cru meritevole di essere assaggiato nelle cantine delle aziende vitivinicole di assoluta eccellenza che ne punteggiano il territorio.

Azienda Agricola Marchetti
Via Pontelungo 166, Ancona.
☎ 071 89 73 86.
🕐 8.30-18.30 sab, gli altri giorni su appuntamento.
🌐 www.marchettiwines.it
L'azienda ha una lunga tradizione vinicola, iniziata nel secolo scorso. Si trova alle porte di Ancona e pratica una vendemmia leggermente ritardata per ottenere prodotti più adatti all'invecchiamento. La vinificazione avviene nella cantina aziendale, con la realizzazione di una sintesi tra pratiche tradizionali e moderne tecnologie, mirate a ottenere una più alta qualità del prodotto.

Azienda Vitivinicola Alessandro Moroder
Via Montacuto 112, Ancona.
☎ 071 898 232.
🕐 8.30-12.30, 15-19 lun-sab.
🌐 www.moroder-vini.it
La proprietà di questa azienda nel cuore del Conero, che appartiene alla famiglia Moroder dall'inizio dell'Ottocento, ha ritrovato una nuova vitalità e un orientamento decisivo verso prodotti di qualità. Accurata selezione delle uve in vigna e ammodernamento della bottaia in legno sono gli ingredienti attraverso i quali il Rosso Conero e il "dorico" che ne è una selezione sono riusciti ad affermarsi, ottenendo anche prestigiosi riconoscimenti.

Azienda Vinicola Silvano Strologo
Via Osimana 89, Camerano.
☎ 071 73 11 04.
🕐 su appuntamento.
Ereditata dal padre Sante Giulio la passione e la tradizione di "fare buon vino", insieme alla moglie Catia il proprietario di questa fattoria vitinicola accoglie i turisti del vino nella cantina aziendale per degustazioni guidate e acquisti.

Azienda Vinicola Vinimar
Via Direttissima del Conero, Camerano.
☎ 071 73 13 55.
🌐 www.vinimar.com
🕐 9-20 tutti i giorni. ● gen.
È una delle più importanti realtà del settore vitivinicolo marchigiano. Ampia scelta di vini e spumanti di qualità.

Antica Casa Vinicola Gioacchino Garofoli
Via Marx 123, Castelfidardo.
☎ 071 782 01 62.
🌐 www.garofolivini.it
🕐 8.15-12.15, 14.30-18.30 lun-ven, fuori orario su prenotazione. ● ago.
Ha una storia centenaria e può essere annoverata fra le più antiche in Italia, da sempre in equilibrio tra tradizione ed evoluzione. Attualmente prevede la coltivazione in proprio di uve nei vigneti specializzati di Montecarotto, Ancona e Castelfidardo. Le operazioni di vinificazione del verdicchio vengono effettuate nella cantina di Serra de' Conti, mentre le uve di Rosso Conero sono invece lavorate nella cantina di Castelfidardo. La produzione è incentrata su vini spumanti e frizzanti, Rosso Conero e Rosso Piceno, Verdicchio dei Castelli di Jesi.

Azienda Vinicola Fazi Battaglia
Via Roma 117, Castelplanio.
☎ 071 813 444.
🌐 www.fazibattaglia.it
🕐 8.30-12.30, 13.30-17.30 lun-ven.
● ago.
Storica azienda marchigiana produttrice di Verdicchio, la Fazi Battaglia si è distinta negli anni anche per un pregiato Rosso

INFORMAZIONI TURISTICHE

Conero Annata e Riserva, ottenendo riconoscimenti in tutto il mondo.

Terre Cortesi Moncaro
Via Piandole 7, Montecarotto.
071 892 45.
www.moncaro.com
15.30-19.30 lun-ven, 8.30-12.30 sab.
L'intera produzione aziendale si fonda sulla coltivazione dei vigneti con tecniche di basso impatto ambientale.

Azienda Agricola Conte Leopardi
Via Marina II 26, Numana.
071 739 01 16.
8.30-12.30, 15-19.30 lun-sab, fuori orario su prenotazione.
La cantina e il punto vendita, aperti al pubblico tutto l'anno, sono ubicati all'interno del nucleo aziendale, un antico borgo rurale immerso nel verde di un bellissimo parco secolare. In questa grande azienda agricola, oltre al Rosso Conero, si possono acquistare ottimi vini bianchi, spumanti, grappa, olio extravergine, miele integrale e confetture di frutta.

Azienda Agricola Nembrini Gonzaga
Residence Il Granaio di Valcastagno
Via Valcastagno 12, Numana.
071 739 00 97.
www.valcastagno.it
9-20 tutti i giorni ● gen.
Ricca di storie e tradizioni, questa azienda familiare ha recentemente puntato sulla diversificazione delle colture e sulla riconversione turistica delle sue strutture. Nel 1994 è stato inaugurato il residence il "Granaio" di Valcastagno, struttura alberghiera di 14 eleganti appartamenti. Produce uva Rosso Conero Doc.

Fattoria Le Terrazze
Via Musone 4, Numana.
071 739 03 52.
15.30-19.30 lun-sab, fuori orario su prenotazione.
www.marcdegrazia.com
Appartiene da oltre un secolo alla famiglia Terni. Da sempre, oltre alle tradizionali colture estensive, la viticoltura è stata parte integrante dell'economia aziendale.
Il vino più caratteristico è il Rosso Conero, ma molto interessanti sono anche lo Chardonnay e lo spumante metodo Classico Donna Giulia derivante da uve Montepulciano, oltre a una piccola produzione di olio extravergine di oliva.

Azienda Agricola Malacari
Villa Malacari, Offagna.
071 720 76 06.
16.30-19.30 mer e ven-sab.
www.malacari.it
La collina dove sorgono i vigneti di uve Montepulciano appartiene alla famiglia Malacari da 500 anni. L'attuale cantina della fattoria si trova invece al piano terreno della villa omonima, costruita nel 1668 ai margini del borgo di Offagna. I vigneti sono curati per ottenere basse rese e alta qualità; il vino prodotto viene affinato per oltre un anno in piccole botti di rovere francese. Da tutto ciò nasce un ottimo Rosso Conero Doc.

Azienda Vinicola Umani Ronchi
Strada Statale 16, km 310, Osimo Scalo.
071 710 80 19.
www.umanironchi.it
8.30-12.30, 14-18 lun-ven. ● ago.
Fin dalla sua fondazione negli anni Cinquanta, l'azienda ha perseguito l'obiettivo dell'alta qualità e si è distinta come grande interprete del Rosso Conero e del Verdicchio. Dalla vigna all'uva, dalla vinificazione all'invecchiamento, sperimenta costantemente le più moderne tecniche agronomiche e le novità del panorama enologico.

Azienda Agricola Lanari
Via Pozzo 142, Varano di Ancona.
071 286 13 43.
su appuntamento.
www.lanarivini.it
Luca Lanari e sua sorella Beatrice portano avanti, con la collaborazione dell'enologo Giancarlo Soverchia, questa piccola cantina artigianale. Il Rosso Conero della casa ha un bel colore violaceo, carico e spesso; al senso si offre vivace e stabile con profumi di ciliegia, mora e mirtillo su fondo vinoso.

VITA NOTTURNA

Dai dj-set nei localini sul mare, ai disco pub della Riviera del Conero; dai cinema all'aperto, agli aperitivi musicali ambientati in prestigiosi edifici storici, senza dimenticare i festival estivi, la vita notturna di Ancona ha mille volti, così non è raro visitare due o più locali per sera.

Ambaradan
Via Pastore 17.
📞 071 286 38 60.
🌐 www.discoambaradan.com
Musica rock e disco con dj sempre diversi e spettacoli di cabaret. Aperto giovedì, venerdì e sabato sera. Tessera ingresso 8 euro.

Barfly Club
Via Achille Grandi 3 (zona Baraccola).
📞 071 290 12 24.
🌐 www.barfly.it
Musica dal vivo con grandi gruppi italiani e stranieri, un punto di riferimento in città. Nello storico locale c'è un angolo enoteca in cui fare uno spuntino senza perdersi il concerto, perché un grande schermo proietta le immagini live dal palco.
Gli spettacoli iniziano alle 22.30.

Caffè Bedetti
Via Flaminia 560,
Falconara Marittima.
📞 071 912 94.
🌐 www.caffebedetti.191.it
Dal 1912 è gelateria artigianale, pasticceria e bar, con una buona scelta di vini tipici e non. Da assaggiare la ciambella Bedetti, le mele stregate e la coppa allo zabaione.

CMG De André
Via Ugo Foscolo 1,
San Biagio di Osimo.
📞 071 720 21 80.
@ cmg@skantinato.it
Centro Musicale Giovanile dedicato al noto cantautore italiano, dove ogni domenica si può assistere a concerti, letture di poesie, videoinstallazioni o presentazioni di film. Ingresso gratuito. Aperto tutti i giorni, anche come sala prove.

Giuliani
Corso Giuseppe Garibaldi 3.
📞 071 20 48 85.
Bar storico della città che offre alcune rare specialità al cioccolato e dove si può anche mangiare. Tavolini sulla zona pedonale.

Gnaooo gatti Wine & Spirit
Via della Beccheria 3.
📞 071 207 20 76.
Un'osteria conosciuta soprattutto per i suoi aperitivi e frequentata dagli anconetani. Aperto fino a tardi.

Lascensore Jazz Club
Piazza IV Novembre (Passetto).
📞 071 358 03 88.
🌐 www.lascensore.biz
@ lascensorejazzclub@yahoo.it
Un locale che racchiude stanze arredate con gli stili più disparati ma soprattutto ospita concerti jazz di ottimo livello. Si può cenare o sorseggiare un drink. Ospita alcuni eventi dell'Ancona Jazz Festival. Ingresso libero, i concerti iniziano alle 22.30.

La Tazza d'Oro
Corso Giuseppe Garibaldi 134.
Delizioso locale progettato nel 1954 dall'architetto Leonello Cipolloni. Ancora oggi il bar conserva gli stessi altorilievi in ceramica del bancone, le vetrinette ioriginali e le pareti di mosaico. ottimo il caffè.

Lazza-baretto
Via Banchina da Chio 2 (Mole Vanvitelliana).
📞 071 203 045.
@ ancona@arci.it
È parte dell'ex Lazzaretto, e propone un angolo bar musicale che affaccia sul porto.

Taunus For Ever
Via delle Querce 1, Numana.
📞 071 933 03 81.
La discoteca sovrasta la collina verde che sorge sopra Numana ed è una tra prime nate sulla Riviera del Conero. Si trova all'interno del complesso turistico Taunus, ma possono accedervi tutti. Offre musica in due sale di cui una all'aperto, spettacoli di danza e cabaret. Ampio giardino e piscina.

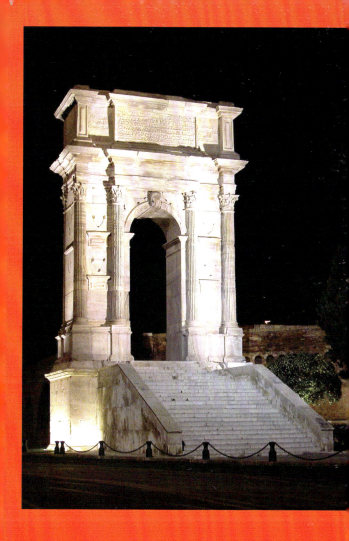

COMUNE DI ANCONA

Assessorato al Turismo

Via Podesti, 21
Tel. 071 222.5066/67
Fax 071 222.5061
turismo@comuneancona.it

ARTE E CULTURA

Volumi rari, mediateche e un'ampia scelta di letteratura per ragazzi; ma anche documenti storici vergati sul papiro e audiovisivi del dopoguerra. Tutti buoni motivi per scegliere di visitare una delle tante biblioteche cittadine. La proposta culturale e artistica di Ancona e della sua provincia permette anche di visitare musei e assistere ad eventi musicali e culturali durante l'intero corso dell'anno.

BIBLIOTECHE PUBBLICHE

Biblioteca comunale "Luciano Benincasa"
Via Bernabei 32.
- 071 222 50 22.
- FAX 071 222 50 20.
- lun-ven 14.30-18.30, sab 10-12; lug e ago tutti i giorni 10-13.

Biblioteca ma anche videoteca, con un'ampia sezione dedicata alla letteratura per bambini e ragazzi e alla letteratura storica. Si organizzano incontri di lettura.

Biblioteca del Centro Studi Oriente Occidente
Via Bernabei 30.
- 071 207 65 21.
- www.orienteoccidente.org
- orienteoccidente@tin.it

Biblioteca legata al Centro Studi sulle religioni, la filosofia e la teologia, permette di consultare 3000 volumi. Si possono trovare testi di orientalistica, etnologia, esplorazioni e viaggi. Meglio telefonare prima della visita.

Biblioteca del Movimento di Liberazione nelle Marche
Via Villafranca 1.
- 071 207 12 05.
- FAX 071 202 271.
- lun-ven 8.30-13.
- archivio storico 9-12.

Una raccolta di storia contemporanea che vanta oltre 24.000 volumi, un archivio di documenti storici e una raccolta di audiovisivi, fiction e documentari sulla storia italiana recente.

Biblioteca Planettiana
Piazza Colocci 1, Jesi.
- 0731 538 345.
- www.comune.jesi.an.it
- planettiana@comune.jesi.an.it
- lun-ven 8.30-12.30 e 15.30-19, sab 8.30-12.30.

Nella preziosa cornice del Palazzo della Signoria, comprende un'emeroteca, una fototeca e una biblio-nastroteca per non vedenti. Tra i suoi 110.000 volumi ci sono parecchie antiche donazioni di privati.

Biblioteca comunale "Francesco Cini"
Via Campana 15, Osimo.
- 071 714 621.
- lun-ven 15-19.30, sab 8.30-13.

Nei locali sottostanti all'Archivio Storico Comunale, sono raccolti straordinari documenti e pergamene che raccontano della vita amministrativa della cittadina nei secoli: privilegi, bolle papali e atti notarili.

Biblioteca Comunale Antonelliana
Via Manni 1/a, Senigallia.
- 071 662 92 84.
- lun-ven 11-13 e 14-18.30.

Oltre alla lettura e al prestito, la mediateca offre la possibilità di navigare in Internet e di visionare documentari e filmati. Le visite guidate si tengono il lunedì, su prenotazione.

EVENTI

Ancona Jazz
Per informazioni:
Associazione SpazioMusica
Corso Stamina 19.
- 071 207 42 39.
- www.anconajazz.com
- info@anconajazz.com

Nata nel 1979 come piccola rassegna di jazz, nel corso del tempo è cresciuta, ospitando i più grandi tra i jazzisti del mondo; coinvolge non solo la città dorica, ma diverse località della provincia. Gli appassionati del genere possono assistere a spettacoli gratuiti in luoghi e piazze storiche, oppure seguire un concerto in uno dei tanti locali e teatri che collaborano con

INFORMAZIONI TURISTICHE

la rassegna. Oltre all'edizione estiva ce n'è una invernale. Sul sito è possibile acquistare on line i biglietti delle varie sessioni.

Palio di San Giovanni
Fabriano, seconda metà giu. Rievocazione storica del dorato Trecento fabrianese, che vede protagoniste le quattro Porte cittadine: Borgo, Cervara, Piano e Pisana: giochi popolari, torneo degli arcieri, esibizione degli sbandieratori, spettacoli e concerti. Degustazioni alimentari e apertura delle Botteghe delle Arti, che ripropongono in un'ambientazione d'epoca gli antichi mestieri artigiani.

Pane Nostrum
Per informazioni: Comune di Senigallia.
071 662 92 56.
www.panenostrum.com
info@panenostrum.com
Manifestazione internazionale dedicata al pane. Forni allestiti in Piazza del Duca e in prossimità dei Giardini della Rocca Roveresca producono pagnotte insolite o di antica tradizione. Maestri del settore insegnano al pubblico l'arte della panificazione. La manifestazione si tiene in settembre.

MUSEI

Museo del Risorgimento
Via Mazzini, Castelfidardo.
Corso Stamina 19.
071 720 65 92 – 780 156 (prenotazioni).
tutti i giorni 15-19, matt e dom aperto su prenotazione.
È dedicato alla conoscenza e all'approfondimento della battaglia del 18 settembre 1860, tra le truppe pontificie del generale Lamoricière e quelle del piemontese Cialdini, che segna la definitiva adesione della regione al Regno d'Italia. Ubicato nel cinquecentesco Palazzo Mordini, espone documenti, stampe e ricostruzioni.

Museo Civico Archeologico "Alvaro Casagrande"
Palazzo Livia Della Rovere
Via Ospedale 7, Castelleone di Suasa.
lun.

Il museo costituisce solo un tassello del percorso didattico messo a punto negli ultimi anni dal "Consorzio città romana di Suasa" che raccoglie diverse località della valle del Cesano, a pochi chilometri da Senigallia, legate all'antica città di Suasa. Il percorso museale prosegue idealmente con la visita al Parco Archeologico di Pian Volpello, dove sono stati riportati alla luce i resti di una ricca domus romana.

Sala del costume e delle tradizioni popolari
Largo XVII Settembre 1860, Corinaldo.
071 679 043. 1 gen-14 giu, 16 set-31 dic: dom e festivi 10-12.30, 15-19; 15 giu-15 set: 10-12.30, 16-19.30, 1 lug-31 ago: anche 20.30-23.
Salendo la scalinata che conduce al centro dalla porta Santa Maria del Mercato, si incontra questa esposizione di abiti cuciti per i cortei che sfilano, ogni terza domenica di luglio, durante la tradizionale Contesa del pozzo della polenta.

Museo della Resistenza
Castello di Falconara Alta.
071 916 64 90.
www.museoresistenza.it
1 mag, festività natalizie.
Allestito nel Castello di Falconara, raccoglie l'intero arsenale di una brigata partigiana attiva nell'Appennino marchigiano, documenti, foto e cartografie. Tra le sezioni tematiche: l'8 settembre, i ribelli della montagna, il Comitato di Liberazione Nazionale, la Resistenza vista dai nazifascisti, le donne della Resistenza. Al museo è annessa una piccola biblioteca, l'archivio storico e una mediateca.

Museo Civico
Palazzo Campana
Via Campana 19.
071 714 694. lun.
Al suo interno ospita, tra le altre opere, l'*Incoronazione della Vergine e Santi* (1464) di Antonio e Bartolomeo Vivarini, lavori di Claudio Ridolfi e Giovan Francesco Guerrieri e un bel disegno di Carlo Maratta della *Vergine con il Bambino e Santi* (1672), preparatorio del dipinto conservato oggi alla Pinacoteca civica di Ancona.

BENESSERE E SPORT

L'acqua e tutte le attività che a essa si possono associare sono le protagoniste dello sport nella provincia di Ancona.
Ma il Monte Conero e l'entroterra moltiplicano le occasioni di muoversi all'aria aperta e praticare diversi sport. Che sia un bagno termale o un trekking su sentieri immersi nella macchia mediterranea da cui si ammira il mare, il territorio permette di vivere molte e diverse esperienze.

TERME

Terme Aspio
Via Aspio 21, Camerano.
071 956 91.
Stabilimento immerso nel verde che gode di una splendida vista panoramica sul fiume Aspio. Quattro differenti fonti termali vengono impiegate per trattare l'apparato digerente e il fegato.
Le sue acque minerali sono comunque un piacevole toccasana.

Terme di San Vittore
Via San Vittore 9, Genga Stazione.
0732 904 46.
Le terme propongono programmi benessere, trattamenti estetici e diversi tipi di massaggio. Le acque termali sono indicate per rafforzare bronchi e ossa.

SUB E SNORKELING

Associazione Sportiva Komaros Sub
Mole Vanvitelliana, Ancona.
071 20 45 58.
Scuola di immersione, rilascio brevetti di primo, secondo e terzo grado, brevetti apnea di primo e secondo grado, immersioni lungo la Riviera del Conero da aprile a ottobre.

Adriatica Associazione Sub
Via Fermo 7, Numana.
338 246 99 76.
Corsi, immersioni e viaggi sub.
L'associazione opera lungo tutto l'Adriatico, con punti di sosta e appoggio turistico alle isole Tremiti e sul Gargano.

Centro Sub Monte Conero
Via Litoranea 1, Numana.
071 933 13 67.
w www.centrosubmonteconero.com
@ info@centrosubmonteconero.com
Diving center con istruttori PADI per ogni livello, corsi per Dive Master.

Sea Wolf Diving Center
Via del Porto 32, Numana.
071 933 03 92.
w www.seawolfdiving.it
@ info@seawolfdiving.it
Aperto nel 1988, è in una posizione strategica sul porto turistico di Numana.

VELA E WINDSURF

Circolo della Vela
Via Panoramica 4, Ancona.
071 356 12.
Un buon indirizzo per chi desidera avvicinarsi all'arte di governare una barca a vela.

Sunshine Sail
Via Scrima 63, Ancona.
071 280 00 96 – 348 798 38 39.
"Imparare la vela... divertendosi", è lo slogan della scuola, che organizza corsi per imparare a navigare in crociera o in regata. Uscite diportistiche, stage per raggiungere un livello professionale. Brevetti per patente vela e motore entro o oltre le 12 miglia.

Centro Velico Dama Blu
Via Litoranea, Numana.
071 739 06 06.
Dotato di spiaggia privata per lezioni di surf e catamarano. Ampio parco giochi per bambini.

Circolo Nautico
Via del Porto 34, Numana.
071 933 15 42.
Da giugno a settembre si organizzano mini corsi di vela della durata di 10 ore per adulti e bambini. Ottimo circolo.

INFORMAZIONI TURISTICHE

TREKKING, BIKE E ARRAMPICATE

Club Alpino Italiano
Via S. Cataldo 3, Ancona.
071 20 04 66.
www.caiancona.it
info@caiancona.it
La sezione anconetana del Cai organizza
attività di montagna, didattiche e culturali.

Forestalp
Via Fossombrone 14, Ancona.
071 280 10 10.
L'associazione organizza visite guidate
in bicicletta o a piedi, arrampicate
ed escursioni al Conero.

Centro Visite Parco del Conero
Via Peschiera 30/a, Sirolo.
071 933 18 79.
Si possono avere informazioni su tutte le
attività del parco e affittare mountain bike.

Icaro Blu
Via Marconi 4, Serra San Quirico.
0731 880 070.
www.icaroblu.com
Visite speleologiche e trekking all'interno
delle Grotte di Frasassi e nei dintorni.

EQUITAZIONE

Centro Ippico Il Corbezzolo
Via Piancarda 124, Massignano.
071 213 90 39 – 338 831 51 04.
Seguiti da tecnici di equitazione americana
federale, i clienti possono fare passeggiate
a cavallo nei percorsi del Parco del Conero,
cimentarsi in escursioni anche in notturna
per ammirare l'alba in riva al mare. Il centro
organizza corsi di equitazione (western)
anche per principianti e bambini, gare
di team-penning, sessioni di ippoterapia.

Circolo Ippico Il Cirfoglio
Via Molinella 1, Sirolo.
348 335 80 78.
www.icaroblu.com
Qui è possibile fare passeggiate a cavallo
o, in caso di maltempo, esercitarsi
in un maneggio coperto attrezzato.

Maneggio Hornos
Via Marina 2, Numana.
071 739 12 42.
A pochi passi dal mare, il maneggio
dà la possibilità di fare passeggiate
panoramiche e dispone di propri
ombrelloni e sdraio.

GOLF

Golf Club del Conero
Via Betelico 6, Sirolo.
071 736 06 13.
Diciotto buche del percorso campionato
e altre cinque su un piccolo campo
executive. La vista sul mare è mozzafiato.

TENNIS E SQUASH

Associazione Tennis Ancona
Via Zuccarini 4, Ancona.
071 349 24.
Corsi di tennis per tutti.

Associazione Tennis Conero
Viale della Vittoria 44, Ancona.
071 329 63.
L'associazione offre campi coperti e scoperti.
Si consiglia di telefonare per la prenotazione.

Carmas Squash Club
Via del Lavoro 11, Sirolo.
071 736 00 16.
Tre campi omologati per tornei
internazionali. Palestra e solarium.

SPORT DELL'ARIA

Aeroclub "E. Fogola"
Via Aeroporto, Falconara.
071 205 978.
Associazione sportiva dilettantistica, punto
di riferimento per piloti, aeromodellisti
e paracadutisti. Occorre associarsi.

Aerolight Marche
Via Sanzio 55, Jesi.
0731 204 051.
www.deltafly.it
a.carrino@deltafly.it
Campo di volo per "tre assi", deltaplani
a motore, elicotteri ULM. Club House
e possibilità di fare rifornimento carburante.

SHOPPING

Girare sotto gli "archi" del centro, passeggiare verso il porto fermandosi ad acquistare qualche specialità gastronomica: lo shopping ad Ancona offre diverse piacevoli opportunità. I prodotti tipici si possono trovare nelle tante botteghe, che con la bella stagione si trasformano in punti di degustazione all'aperto. Varia è anche l'offerta di abbigliamento e calzature, soprattutto nei numerosi mercatini. Alta la densità di librerie che offrono volumi fotografici, libri per ragazzi e rare pubblicazioni fuori catalogo.

Fiere e mercatini

Fiera di San Ciriaco
Zona Archi.
Si tiene dall'1 al 4 maggio, dalle 8.30 alle 22. Questo è forse il più atteso degli appuntamenti popolari in città, che coincide con il ponte festivo tra il 1º maggio e San Ciriaco, il santo patrono di Ancona.

Mercatino al Rjò de J Archi
Archi di Via Marconi.
◯ terza domenica del mese, 8.30-13.
Vi si trova di tutto, dall'artigianato ai capi d'abbigliamento alle scarpe.

Mercatino dell'artigianato
Piazza Cavour.
◯ ultimo weekend del mese e sab 8.30-16.
Si possono trovare oggetti d'antiquariato e artigianato marchigiano; vi partecipano oltre 80 espositori.

Mercato delle erbe
Corso Mazzini.
◯ tutto l'anno, lun-sab 7.30-13 e 17-20.
● gio pom.
Frutta, ortaggi e pesce freschissimo. Prezzi estremamente abbordabili.

Tipica – Prodotti marchigiani
Piazza Roma.
◯ ultimo weekend del mese e sab 8.30-16.
Si tiene il 10 e l'11 dicembre, dalle 8.30 alle 22. Fiera dedicata alle mille conserve, paté, formaggi oli e vini marchigiani.

Gastronomia

Bontà delle Marche
Corso Mazzini 96/98.
📞 071 539 85.
@ info@bontadellemarche.it
Da 10 circa anni vende i prodotti tipici marchigiani e ha contribuito a far conoscere le specialità locali in tutto il territorio nazionale. È possibile degustare i prodotti venduti al dettaglio, e in estate vengono sistemati tavolini all'aperto per i clienti.

F.lli Taccalite
Via Montagnola 95.
📞 071 280 20 96.
Una grande varietà di salumi tipici di Ancona, Macerata e Ascoli Piceno. Gli insaccati e le altre specialità sono di produzione propria.

Giampaoli Dolciaria
Via Albertini 4, zona Baraccola.
📞 071 804 70 93
@ info@giampaolidolciaria.it
Spaccio aziendale della celebre ditta dolciaria anconetana, con tutta la gamma delle produzioni della famiglia Giampaoli acquistabili a prezzi scontati.

Pescheria Stella del Mare
Via Esino 74.
📞 071 880 713.
Offre ogni giorno un'ampia scelta di piatti pronti a base di pesce freschissimo.

La Bottega del Parco
Via Peschiera 30/a, Sirolo.
📞 071 933 18 79.
Propone tantissimi prodotti alimentari provenienti da aziende ubicate all'interno del territorio del Parco Regionale

Re Formaggio
Piazza Kennedy.
📞 071 201 771.
Gastronomia che è stata insignita
del riconoscimento di "Locale del buon
formaggio" da Slow Food. Ottimo
assortimento di salumi e prodotti caseari,
nonché una buona scelta di vini.

Chocolat
intense tentazioni
Via Cialdini 57, Fabriano.
📞 0732 251 900.
Cioccolateria artigianale, le cui specialità
da segnalare sono i "cuori di dolcezza",
cioccolatini ripieni con varie tipologie
di miele monoflora, le creme spalmabili
e il "salame gentile al cioccolato".

Cooperativa
agroittica fabrianese
Frazione Campodiegoli 33/d, Fabriano.
📞 0732 720 03.
Trote salmonate affumicate a caldo,
allevamento e trasformazione. È necessaria
la prenotazione prima di visitare l'azienda.

Salumeria Bilei
Via Le Conce 5, Fabriano.
📞 0732 62 68 04.
Qui è possibile acquistare salumi senza
conservanti. Produzione rigorosamente
stagionale.

Pastificio Azienda
Agricola Latini
Via Maestri del Lavoro 19, Osimo.
📞 071 781 97 68.
🌐 www.latini.com
L'azienda produce pasta artigianale
da grani selezionati, e n'ottima pasta
di farro.

LIBRERIE

Acme
Via San Martino 6.
📞 071 207 53 65.

del Conero. Nella bottega è possibile
noleggiare una mountain-bike.

Libreria vivace che rappresenta un ottimo
punto di riferimento per gli appassionati
di fumetti, libri illustrati e video.

Gulliver
Corso Mazzini 27.
📞 071 532 15.
La libreria ha un assortimento
particolarmente accurato di editoria
professionale, prodotti di cartoleria
e giochi da tavolo.

La Bottega di Merlino
Via Podesti 14.
📞 071 204 960.
@ merlinobimbi@yahoo.it
Libreria specializzata per bambini
e ragazzi da 0 a 16 anni, testi per
educatori e genitori, laboratori creativi
per ogni età.

Libreria Fagnani Ideale
Via Podesti 5.
📞 071 206 020.
Storica libreria anconetana, con un
occhio di riguardo alle pubblicazioni che,
a vario titolo, parlano di Ancona
e dintorni.

Libreria Feltrinelli
Corso Garibaldi 35.
📞 071 207 39 43.
Due piani interamente dedicati a ogni
genere di lettura. Aperta anche
la domenica, 10-13 e 17-20.

Libreria Fogola
Piazza Cavour 4.
📞 071 207 46 06.
Particolarmente legata agli avvenimenti
della città, spesso organizza incontri
con autori legati all'editoria locale.

Libreria La Bancarella
Via XXV Aprile 28.
📞 071 548 10.
Nata nel 1979, si caratterizza da sempre
per la vendita di libri recenti ma fuori
catalogo e rimanenze di magazzino con
lo sconto del 50% sul prezzo di copertina.

INDICE GENERALE

I numeri in **neretto** si riferiscono alle pagine in cui gli argomenti sono trattati in modo specifico.

A

Abisso Ancona	44
Agriturismi	**66-71**
Alberghi	**66-71**
Albornoz, Cardinale Egidio	43
Anfiteatro romano	6, **11**
Aperitivi	**87**
Apollodoro di Damasco	10
Arco	
Bonarelli	11
Clementino	11, 20
di Garòla	21
di Traiano	6, 7, **10-11**
Arrampicate	**91**

B

Barbarossa, Federico	4
Barocci, Federico	33
Benincasa, Luciano	21
Berlinghieri, Francesco	21
Biblioteca comunale "Luciano Benincasa"	6, **21**
Biblioteche	**88**
Bike	**91**
Bramante, Donato	41
Brandani, Federico	32, 41
Bronzi dorati di Cartoceto	18

C

Cagli, Corrado	18
Cantine	**84-85**
Cappella	
del SS. Crocifisso	14
della Madonna	13, 14
Cappuccini, colli dei	4
Carlo da Camerino, *Dormitio Virginis*	18
Castelfidardo	30, **38**
Castelleone di Suasa	30, 43
Cattedrale di San Ciriaco	6, 7
Celestino V, papa	41
Centro storico	**8**
Chiaravalle	30, **33**
Abbazia di S. Maria in Castagnola	33
Chiesa	
dei SS. Pellegrino e Teresa	19
del Gesù	6, **15**
del SS. Sacramento	6, **24**
di San Bartolomeo	11
di San Ciriaco	**12**
di San Domenico	6
di San Francesco alle Scale	6, 8, **15**
di San Gregorio	11
di Sant'Agostino	6, **25**
di Santa Maria della Piazza	6
Cialdini, generale	26, 38
Ciarrafoni, Francesco Maria	24
Cirilli, Guido	27
Cittadella	6, **26**
Clemente VII	26
Clemente XII	4, 5, 11
statua	20
Colle	
Astagno	6, 26
Cardeto	6
dei Cappuccini	6, 11
Guasco	6, 11
Consorzio Città Romana di Suasa	43
Corinaldo	30, **43**
Cornacchini, Agostino	20
Costantino, imperatore	13
Crivelli, Carlo, *Madonna col Bambino*	18
Cucchi, Enzo	18
Cucina	**72-73**

D

Daci	4
Daretti, Lorenzo	24
De Maria, Giovanni	24
Della Rovere, Francesco Maria II	32
Della Rovere, Giovanni	32
Dori	4
Drappo serico di San Ciriaco	14

E

Equitazione	**91**
Età comunale	**4**
Eventi	**88-89**

F

Fabriano	30, **42**, 43
Falconara Marittima	30, **32**
Federico II di Svevia	32
Fiere	**92**
Fiume	
Aspio	38
Esino	38
Musone	34, 38
Fontana	
dei Quattro Cavalli	24
del Calamo	9, 24
delle tredici cannelle	9, 24
Fontana, Giacomo	26

G

Galli	4
Galli Senoni	18, 32
Gastronomia	**92-93**
Genga, Gerolamo	32

Gesuiti	15
Ghinelli, Pietro	24
Giacomelli, Mario	33
Giacometti, Tommaso	20
Giuliano da Maiano	41
Giuliano da Sangallo	41
Giuliano l'Apostata	13
Golf	**91**
Goti	4
Gozzi, Luigi	18
Greci	4
Greci siracusani	19
Grotte di Frasassi	30, **44-45**
Guercino	
Annunciazione	20
Immacolata concezione	18
Santa Palazia	18
Guidabaldo II della Rovere	41

I-J

Informazioni utili	**63-64**
Jesi	30, **42**

L

Laurana, Luciano	32
Lazzaretto	10, 26
Levi, Carlo	18
Librerie	**93**
Lilli, Andrea	
Angeli che trasportano la Santa Casa di Loreto	15
Angeli musicanti	18
Quattro Santi in estasi	18
Loggia dei Mercanti	6, **25**
Longhi, Nicola	20
Longobardi	4
Loreto	30, **40**, 41
Lotario II	4
Lotto, Lorenzo	41, 42
Assunta	15
Sacra Conversazione	18

M

Madonna di Loreto	40
Maestro Filippo	19, 21
Marchionni, Carlo	20
Marchionni, Filippo	26
Marciana	11
Margaritone d'Arezzo	15
Martini, Francesco	41
Martini, Giorgio	41
Mercatini	**92**
Mole Vanvitelliana	6, 8, **26**
Monte Conero	10
Montessori, Maria	33
Monumento ai Caduti	27

ANCONA

Moti risorgimentali	5
Mura medievali	10
Musei	**89**
Archeologico Nazionale delle Marche	6, **18**
della Carta e della Filigrana	**43**
della città	20
Diocesano	**14**
Omero	**19**

N

Nappi, famiglia	21
Numana	30, **35**
Numana Antiquarium	35

O

Occupazione napoleonica	4
Orsini, Giorgio	15
portale di Sant'Agostino	25
Osimo	30, **39**

P

Paciotto, Francesco	26
Palazzo	
Benincasa	25
Bosdari	18
degli Anziani	6, **15**
del Governo	20
del Senato	6, **19**
Ferretti	18
Mengoli Ferretti	21
Pannaggi, Ivo	18
Parco del Cardeto	**15**
Parco del Conero	30, **34**
Centro visite	34
Pardo, Vito	38
Passetto	6, **27**
Pentapoli Marittima	4
Pergolesi, Giambattista	42
Piazza	
del Plebiscito	6, 9, 11, **20**
del Senato	11
Roma	6, **24**
Pinacoteca Civica e Galleria d'Arte Moderna	6, **18**
Pio VI	26
Plotina	11
Podesti, Francesco	18
Crocifisso	25
Martirio	14
Pomarancio	41
Pontelli, Baccio	32
Porta	
Pia	6, **26**
San Pietro	21
Portella Panunci	10

INDICE GENERALE

Porto	6, **10**	Sport dell'aria	**91**
Portonovo	30, **35**	Spuntini	**87**
Pretini di Senigallia	33	Squash	**91**
		Sub	**90**

R

Reliquiario di Santo Stefano	14	**T**	
Repubblica Anconitana	4	Teatro delle Muse	5, 6, 8, **24**
Restaurazione ecclesiastica	4	Tennis	**91**
Ristoranti	**74-83**	Terme	**90**
Rocca roverasca	30	Terremoto	4
Rossini, Gioacchino	24	Tibaldi, Pellegrino	24, 26
Aureliano in Palmira	24	*Battesimo di Cristo*	15
Guglielmo Tell	24	Tiziano	
Rubens, Pieter Paul	14	*Crocifissione*	20
		Pala Gozzi	18

S

San Ciriaco	6, **13-14**	Torre civica	20, 21
San Domenico	**20**	Traiano	4, 8
San Settimio, vescovo di Jesi	42	Trasporti	**62-63**
San Tommaso da Canterbury	20	Trekking	**91**
Sangallo, Antonio il Giovane	26	Trubbiani, Valeriano	18
Sanniti	4		
Santa Casa di Loreto	41	**V-W**	
Santa Maria della Piazza	**19**	Vanvitelli, Luigi	4, 8, 11, 41
Santa Maria Goretti	43	Varlè, Gioacchino	24
Sanzio, Raffaello	41	*Gloria*	15
Saraceni	4	Vasari, Giorgio,	
Sebastiano del Piombo	18	*Vite dei più eccellenti pittori*	15
Senigallia	30, **32**, 33	Vela	**90**
Serenissima	5	Veronesi, Luigi	18
Serra, Luigi	43	Viale della Vittoria	6, **27**
Settimana rossa	5	Vini	**73**, **84-85**
Shopping	**92-93**	Vita notturna	**86**
Signorelli, Luca	41	Vittorio Emanuele II	26
Sirolo	30, **35**	Windsurf	**90**
Snorkeling	**90**		
Soprani, Paolo	39	**Z**	
		Zara, Pietro	20
		Zuccai, Federico	41

Ringraziamenti

È stato fatto ogni sforzo per rintracciare i detentori del copyright e ci scusiamo in anticipo per eventuali omissioni involontarie.

Archivio servizio Turismo del Comune di Ancona

2-4 tutte, 5 bs, 7a, 8bd, 9a, 11b, 12-13 tutte, 14a, 15 tutte, 16-17, 18b, 19 tutte, 20a, 21 tutte, 22-23, 24-25 tutte, 26-27 tutte

Claudio Ciabochi, Fabriano 9b, 20b, 30bs, 31a, 33a, 38 tutte, 40a, 42 tutte, 43cs, 72-73 Comune di Chiaravalle 33b

Comune di Ancona - Fondo Fotografico Emilio Corsini 5b, 11a

Forestalp 28-29, 31b, 34b, 35a, 36-37, 61

Regione Marche 7b, 10b, 65

Marka Danilo Donadoni 46 47

Marco Stoppato 10a, 14cb, 18a, 30c, 32 tutte, 35b, 39 tutte, 40c, 41a, 42a, 42bd, 44-45 tutte, 46-47.

Copertina Tips images e Claudio Ciabochi